책이 놀이책

가장
오래된 장난감,
책으로 행복 찾기

책이 노는 책

가장 오래된 장난감, 책으로 행복 찾기

글	오승주
일러스트	김라연 blog.naver.com/gomgomHUG
초판 1쇄 발행	2013년 4월 2일
2쇄 인쇄	2013년 5월 2일
2쇄 발행	2013년 5월 10일
발행처	이야기나무
발행/편집인	김상아
기획/편집	김정예
마케팅	한소라
디자인	R2D2 visual (김광혁, 민지홍)
인쇄	(주)이펙피앤피
등록번호	제 25100-2011-304호
등록일자	2011년 10월 20일
주소	서울시 마포구 서교동 398-7 마이빌딩 5층 (121-840)
전화	02-3142-0588
팩스	02-334-1588
전자우편	book@bombaram.net
홈페이지	www.yiyaginamu.net
페이스북	www.facebook.com/yiyaginamu
블로그	blog.naver.com/yiyaginamu

ISBN 978-89-967528-3-7

값 15,000원

책 놀이 책

가장
오래된 장난감,
책으로 행복 찾기

오승주 지음

이야기 나무

현수가 아빠한테 엄마를 병명 장난감

그래서 현수가 불쌍한 엄마를 사달라고 해. 아빠는 생각해보자고

아빠는 아빠는 멈칫했어. 목소리로 "나는 엄마를 한번도 못가져 봤

이해하기 엉뚱한 말을 꺼냈어

부분이 감동적이었는 것

아쉬워

7. 책은 잘 읽을 수 있는 즉 최고의 질문은 이끌

질문이구나.

6단계 토론 노트

책에서 토론할 만한 구절을 골라

책 제목

책의 내용(인용 또는 요약)

찬성 의견

반대 의견

토론 후 나의 느낌

아이의 마음을 열고 책을

친구처럼 느낄 수 있도록 도와주는

것이 **책 놀이**의 시작이고 끝이다.

106
엄마아빠의 생각
집안일을 잘하는 엄마보단
아이맘은 알아주는 엄마가
좋기 때문에
아이의 댓글
나도 내 맘을 알아주는 엄마가
좋아요
나의 생각
엄마가 감정이 없어서 엄마
감정이 없으면
엄마의 감정을 소중하게
생각하는 마음이 참 예뻐요
엄마아빠의 댓글
경수는 감정이 있는
엄마가 좋구나!
칭찬 한마디
엄마 한테 혼도 많이 나서 감정 있는
같은데, 감정 없는 엄마는 싫다니.
경수에게 더 잘해야 겠다는 생각이 든
쉬운 언어로 마음을 표현한 점 좋

책 놀이는 부모가 친구처럼 다가가
함께 책과 뒹굴며 이야기를 나누는
방법을 알려 주기 위한 것이다.

"... 그림이구나. 엄마가 행복하게 웃고 있네!"
"엄마는 정말 ..."
그림 속 웃고 있는 엄마의 얼굴을 보는 천수의 ... 엄마는 웃음 ... 않고 천수를 ... 이야기 하였어

잘 알고 있으니까

나의 생각 (서윤)	엄마아빠의 생각
엄마가 아이를 사랑하고 아끼고, 아이가 좋아하는 것 다 해주는 것 같아요. ㄴ 잘 봤어요. 아이도 그래요^^	천수는 엄마 엄마랑 같은 아이 우리 가족인 엄마로 받아들였는데 그런 엄마가 떠났기에 너무 슬퍼 우는 거야~

엄마아빠의 댓글	아이의 댓글 (서윤)
그래 ... 엄마가 같은 행복 ... 같다	천수는 진짜 엄마라고 생각했는데 엄마가 지금 없기 때문에 슬퍼서 눈물을 흘리나보다.

칭찬 한마디
서윤이가 이 책의 가장 행복한 면을 잘 보고 있는 거 같아~
ㄴ 행복한 면 이라는 표현이 예뻐서 서윤이가 오래 기억할 것 같아요^^

나의 생각 (미르)	엄마아빠의 생각
전쟁이 끝나고 평화로운 ... 느낌 ㄴ 전쟁의 아픔을 겪으면 평화의 소중함을 알게 되죠. 멋진 생각을 써줬어요!	그동안 너무 ... 살 수 있어 ...

엄마아빠의 댓글	아이의 댓글
맞아 ... 평화와 행복이 ...	

칭찬 한마디
...
ㄴ 아이의 말을 공감하게 다루어 칭찬 엄마가 자신의 말에 귀기울인 ...

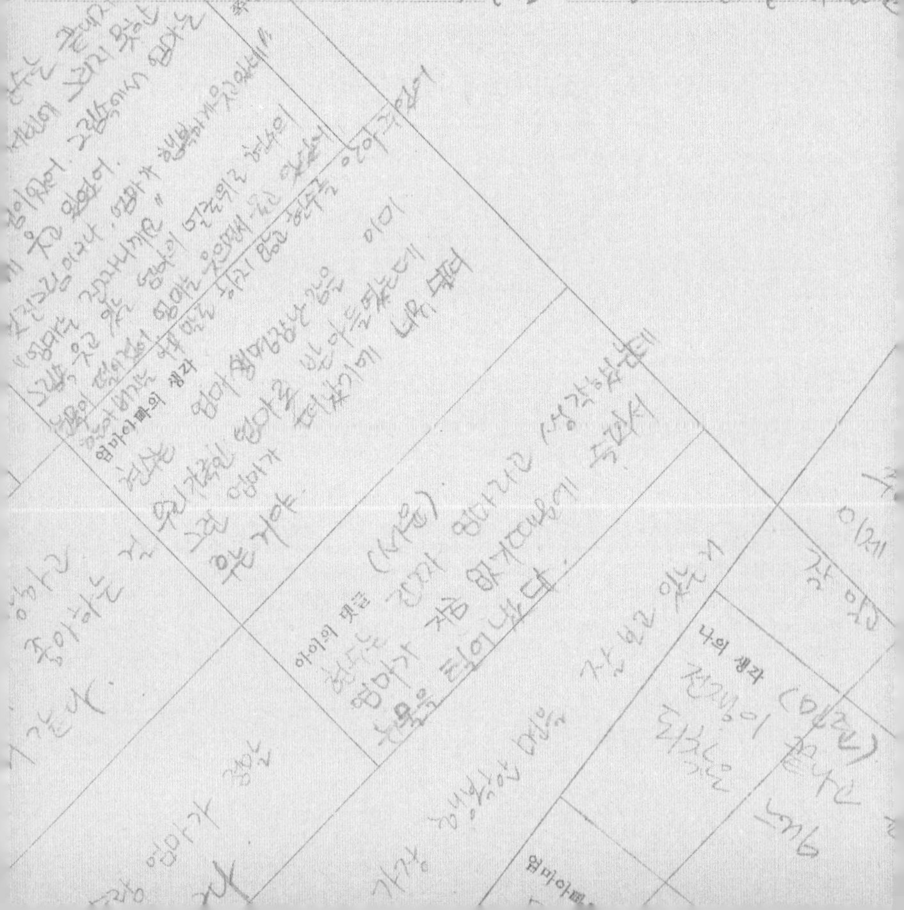

책 놀이는 아이와 부모가 책을 통해

진정으로 소통하는 **마음 놀이**다.

목차

책 놀이 책 사용법

『책 놀이 책』은 가장 재미있고 오래된 장난감인 책을 주목하고, 책을 가지고 제대로 노는 방법을 알리고자 합니다. 책 놀이를 통해 행복 찾기를 시도해 보세요. 『책 놀이 책』을 제대로 이해하고 효과적으로 활용하는 방법을 소개합니다.

다큐 동화와 해설

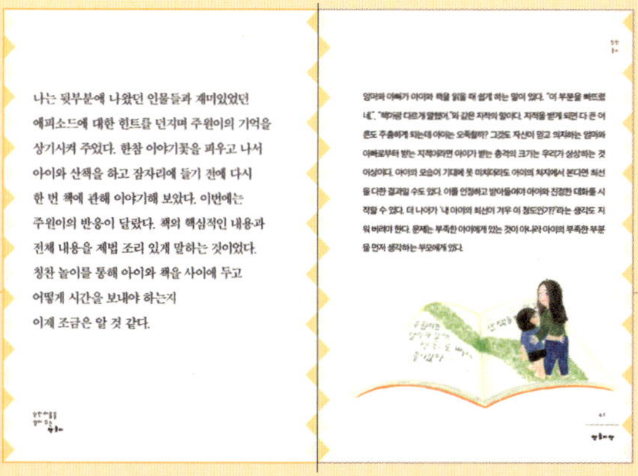
나는 뒷부분에 나왔던 인물들과 재미있었던
에피소드에 대한 힌트를 던지며 주원이의 기억을
상기시켜 주었다. 한참 이야기꽃을 피우고 나서
아이와 산책을 하고 잠자리에 들기 전에 다시
한 번 책에 관해 이야기해 보았다. 이번에는
주원이의 반응이 달랐다. 책의 핵심적인 내용과
전체 내용을 제법 조리 있게 말하는 것이었다.
칭찬 놀이를 통해 아이와 책을 사이에 두고
어떻게 시간을 보내야 하는지
이제 조금은 알 것 같다.

엄마와 아빠가 아이와 책을 읽을 때 쉽게 하는 말이 있다. "이 부분을 빠트렸네", "책이랑 다르게 말했어."와 같은 지적의 말이다. 지적을 받게 되면 다 큰 어른도 주춤하게 되는데 아이는 오죽할까? 그것도 자신이 믿고 의지하는 엄마와 아빠로부터 받는 지적이라면 아이가 받는 충격의 크기는 우리가 상상하는 것 이상이다. 아이의 모습이 기대에 못 미치더라도 아이의 처지에서 본다면 최선을 다한 결과일 수도 있다. 이를 인정하고 받아들여야 아이와 진정한 대화를 시작할 수 있다. 더 나아가 '내 아이의 최선이 겨우 이 정도인가?'라는 생각도 지워 버려야 한다. 문제는 부족한 아이에게 있는 것이 아니라 아이의 부족한 부분을 먼저 생각하는 부모에게 있다.

책 놀이를 직접 경험한 가족의 실제 사례를 바탕으로 재구성한 다큐 형식의 동화가 수록되어 있습니다. 실제 책 놀이를 실천했을 때 벌어질 수 있는 상황을 실감나게 체험할 수 있습니다.

책 놀이 사례를 이해할 수 있는 주석을 책 놀이 선생님이 직접 기술했습니다. 다큐 동화와는 글자 크기로 구분했습니다. 다큐 동화와 함께 읽는다면 더욱 생생하게 책 놀이를 활용해 볼 수 있을 것입니다.

이렇게 해 보세요

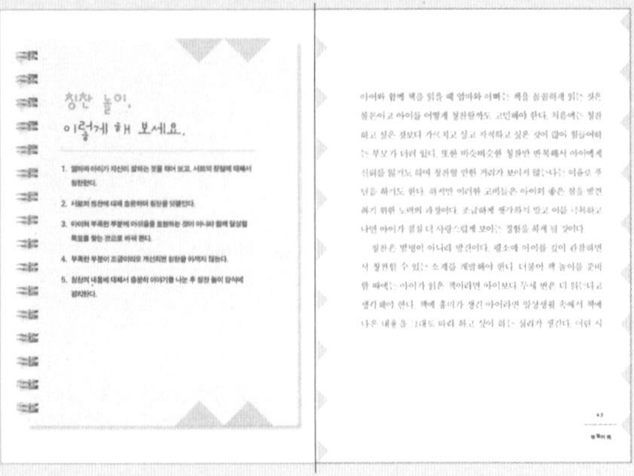

책 놀이의 구체적인 실천 방법이 정리되어 있습니다. 순서에 따라 책 놀이를 아이와 함께 진행해 보세요. 책 놀이 선생님이 오랜 시간 연구한 다양한 이야기가 구체적인 근거로 책 놀이에 대한 신뢰를 높여 줍니다.

이것만은 주의 하세요

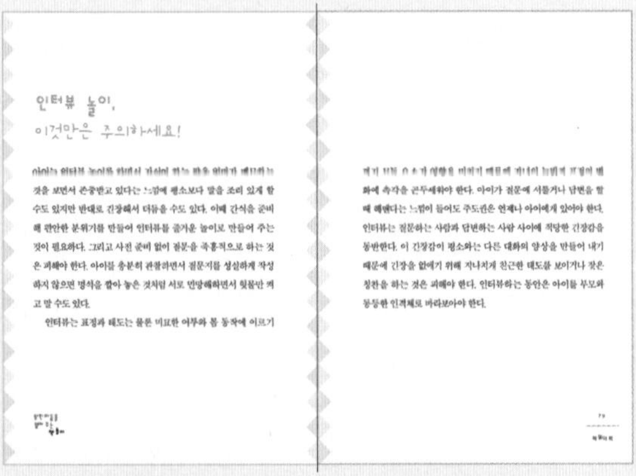

책 놀이를 실천할 때 엄마와 아빠가 가장 흔히 범하는 실수를 따로 모아서 정리했습니다. 책 놀이가 자칫 행복 찾기가 아니라 또 다른 숙제나 학습법으로 남지 않도록 책 놀이를 실천하기 전에 꼼꼼히 읽기를 권합니다.

추천 책과 책 놀이 양식

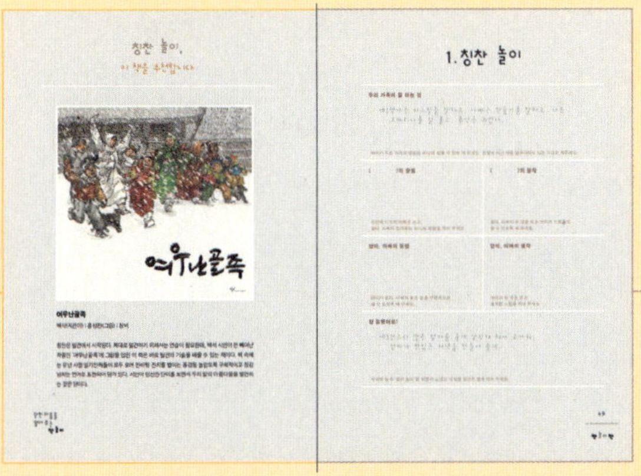

여덟 가지 책 놀이에 가장 적합한 도서를 책요정 오승주 선생님이 직접 골랐습니다. 다큐 동화에 등장하는 가족이 책 놀이에 실제 사용한 책입니다. 추천 이유와 간단한 줄거리가 수록되어 있으니 어떤 책을 고를지 고민된다면 참고하세요.

책 놀이에 활용할 수 있는 양식이 수록되어 있습니다. 양식에 맞춰 아이와 함께 가족의 행복을 찾는 책 놀이의 세계로 빠져 보세요.

※책 놀이 양식은 이야기나무 출판사 블로그에서 다운로드 받을 수 있습니다.

머리말

강남 논술 강사의 뼈아픈 고백

한때, 이른바 사교육의 메카라고 불리는 강남에서 잘나가는 논술 강사로 4년간 일했다. 대치동과 반포동 일대에서 초·중·고등학생을 대상으로 논술 강사로 일하면서 셀 수 없을 만큼 많은 강의와 첨삭을 진행했다. 이 과정에서 '입시 컨설팅'이라고 불리는 일에도 관여하게 되었다. 중앙 일간지에 입시 컨설팅을 주제로 칼럼을 진행했고, 학부모를 직접 만나 상담하기도 했다. 새삼 이 이야기를 꺼내는 것은 당시의 경험이 얼마나 부질없는 짓이었는가를 설명하기 위해서다. 독재가 공포 정치라면 사교육은 공포 교육이다. 끊임없이 학부모를 위협하고 아이들을 채찍질하는 말을 입시 컨설팅이라는 이름으로 포장해 휘둘렀다.

"늦어도 중학교 때부터는 대입 준비를 시작하는 게 좋습니다. 하지만 뭐니뭐니해도 초등학교 때부터 시작하는 게 가장 좋습니다. 초등학교 4학년 성적이 입시를 좌우합니다."

"그 정도 성적이라면 4년제 대학은 꿈도 꿀 수 없습니다."

입시 컨설턴트로서 내가 내뱉은 말은 불안감을 조성하기 위한 것 이상도 이하도 아니었다. 이 말이 아이들에게 어떤 영향을 미치는가에 대한 깊은 고민 없이 먹고살기 위해 반복했을 뿐이었다. 하지만 이 말이 불러온 결과는 참혹했다. 곁에서 지켜본 결과 사교육 현장에서 자신만의 에너지를 잃고 시들어가는 아이들이 너무 많았다. 그 증거는 아이들이 제출하는 논술문에서 확인할 수 있었다. 수천 장이 넘는 논술문은 아이들의 이름만 다를 뿐 그 내용은 천편일률적이었다. 아이들은 입시에 대한 강박 때문에 아이다운 생각과 창의력을 잃어가고 있었고, 그 원인은 슬프게도 바로 나 자신이었다.

교육은 우리의 미래를 결정하는 가장 중요한 축이라고 한다. 오늘날 대한민국의 현실 속에서 완전히 사교육을 배제할 수 없다면 그 안에서 변화를 꾀해야 하지 않을까? 이러한 생각을 품고 고민을 거듭하던 중 마침내 해답을 얻었다. 힌트를 얻은 곳은 다름 아닌 가족이었다. 2006년 결혼을 한 후 두 아이의 아빠가 되면서 가족이 함께 보내는 절대 시간이 보장되어야 한다는 것을 깨닫게 되었다. 학교, 학원, 집으로 이어지는 입시 사슬 속에서 가장 핵심이 되는 곳은 학교도 학원도 아닌 집, 바로 가족이라는 결론에 이르자 비로소 길이 보였다.

책 놀이는 가족에 방점을 찍고 있다. 특히 미취학 아동부터 초등학교에 다니는 아이를 둔 가족이 핵심 대상이다. 그 이유는 입시라는 중압감에 시달리기 전에 가족 간의 건강한 자존감이 쌓이기를 바라기 때문이다. 중학생은 물론 초등학교 고학년만 되어도 선행학습이라는 명목으로 사교육에 빠지고 있다. 본격적으로 사교육의 영향을 받기 전, 책 놀이를 통해 획일적인 사교육의 방침에도 흔들리지 않을 사고력과 판단력, 창의력과 감수성을 가족과 함께 키웠으면 한다. 이러한 능력은 결코 유능한 강사를 통해서 길러지지 않는다. 이 세상에서 가장 친밀하고 절대적인 존재인 가족으로부터 사고력과 감수성이 싹틀 때 엄청난 힘을 발휘할 수 있다고 믿는다. 책 놀이를 만드는 과정에서 2백여 가족을 만났고, 책 놀이를 통해 관계를 회복하고 행복을 찾아가는 모습에 감동했다. 이제 『책 놀이 책』을 통해 더 많은 가족이 행복해지기를 바란다.

chapter 1

닫힌 마음을 열어 주는 책놀이

칭찬 놀이

인터뷰 놀이

어떻게 아이들을 책 앞으로 끌어들일 수 있을까?

책을 멀리하는 아이의 마음을 먼저 이해해야

하는 것이 아닐까?

책 놀이는 아이와 부모가 책을 통해 진정으로
소통하면서 관계를 회복하는 마음 놀이다.

아이의 마음을 열고 책을 친구처럼 느낄 수 있도록
도와주는 것이 책 놀이의 시작이고 끝이다.

물어보지
마,

다
안다니까!

칭찬 놀이

칭찬 놀이를 할때는 아이의 마음을 운전하는 기사가 되었다는 생각으로 다가가야 한다. 어떻게 칭찬하느냐에 따라서 아이의 마음은 갈팡질팡 헤매기도 하고 도달하고자 하는 목적지에 안전하게 도착할 수도 있기 때문이다.

아이를 사랑스러운 눈으로 바라볼 수 있을까?

은율이는 소파에 책을 잔뜩 쌓아 놓고 읽는다. 책을 많이 읽는 것이 신기하기도 하고 기특하기도 해서 이것저것 물어보고 싶다. 어떤 대답이 나올까 기대하면서 질문을 던지면 "재미있었어.", "좋았어.", "별로야."가 전부다. 단답형으로 말하는 은율이를 보면 마음이 답답하다. 책을 좋아하는 것만으로 충분히 칭찬받을 일이라고 생각하면서도 제대로 된 독서를 하고 있는지 자꾸만 확인하고 싶은 것이 엄마의 마음인가 보다.

"은율아, 책 재미있어?"

"응, 재미있어."

"얼마 전에 읽었던 『엄마 사용법』에 대해서 엄마한테 말해 줄 수 있어?"

"음, 『엄마 사용법』은 현수가 엄마한테 사랑한다고 말하는 내용인데 더 이상은 생각 안 나."

좀 더 말해 보라고 책에 있는 내용이 그게 전부는 아니지 않냐며 나도 모르게 채근하듯 말했다. 그러자 은율이는 자리에서 벌떡 일어나 밖으로 나가 버렸다. 여자아이라 그런지 자꾸 캐물으면 예민하게 반응한다.

"물어보지 마, 다 안다니까!"

책은 많이 읽는 것도 중요하지만 제대로 읽는 것이 더 중요하다. 아이가 책을 많이 읽는 것에 집착하고 있다면 독서를 지루한 과제로 생각하고 책임감 혹은 의무감으로 읽고 있다는 것을 의미할 수도 있다. 이 경우에는 보호자의 적절한 제동이 필요하다. 읽은 책의 수는 조금 적더라도 제대로 읽고, 창의력과 사고력을 키울 수 있는 독서를 할 수 있도록 엄마와 아빠가 안내해 주어야 한다. 그렇다면 부모는 아이를 어떻게 이끌어 가야 할까?

은율이는 워낙 내성적인 아이인지라 자기 생각을 표현하는 데 익숙하지 않았다. 엄마는 이런 모습이 답답하다고 느꼈다. "그래서 네 생각은 뭔데?"라고 묻는 일이 잦아졌고 그때마다 은율이는 "몰라, 어려워!"하며 자리를 피해 버렸다. 자꾸만 아이와 다투고 가르치려고만 하는 태도를 고치고 싶었지만 어떻게 해야 하는지는 엄마도 은율이도 알 수 없었다.

"은율아, 우리 칭찬 놀이할까?"

"그게 뭔데?"

"서로 좋게 생각하는 점을 칭찬하고
여기에 적어 보는 거야."

"그거 학교에서도 자주 하는 건데.
칭찬 릴레이 게임 같은 거야?"

은율이가 학교에서 칭찬 릴레이라는 것을 했던 모양이다. 우리는 방에 나란히 누워서 서로 칭찬하기 시작했다. 무작정 책의 내용을 말하라고 할 때는 단답형으로 대답하던 아이가 칭찬 놀이를 할 때는 수다쟁이가 된 것 같았다.

"엄마는 바느질을 잘하고, 아빠는 가죽으로 만들기를 잘하고, 나는 오카리나를 잘 불고, 동생은 귀여워."

"엄마는 은율이가 마음이 따뜻한 아이라고
생각해. 얼굴도 아주 예쁘지. 책을 좋아하고,
이제 보니 칭찬도 아주 잘하는구나!"

시키지 않아도 가족들 칭찬까지 쭉 늘어놓는
은율이가 기특했다. 주고받은 칭찬을 종이에
하나하나 적어서 은율이에게 보여 주었다.
은율이가 종이를 받아서 찬찬히 읽더니 연필을
들고 무언가를 써서 쓱 내밀었다.

"많이 칭찬해 줘서 고마워."

다음 날 아침 일찍 잠을 깬 은율이가 내게 쪼르르 달려왔다. 아침부터 이렇게 신이 난 모습은 처음 보는 것 같았다.

"엄마, 내가 너무 예뻐 보여. 사람들이 나보고 예쁘다고 할 때 거울을 보면 못생겨 보였는데 오늘 아침에 거울을 보니까 내가 너무 예뻐 보이는 거야."

칭찬 놀이를 하면서 바뀐 것은 은율이만이 아니었다. 엄마 역시 마음의 변화가 조금씩 나타났다. 평소에 은율이가 책을 읽고 나서 느낌을 짧게 이야기하는 것이 못마땅했는데, 짧게 표현하는 것은 표현력이 부족하고 성의가 없기 때문이라는 생각을 버리게 되었다. 가끔은 핵심을 간결하게 표현하는 것이 오히려 신통하다고 느낄 때도 있었다. 이런 생각의 변화에 확신을 준 일이 벌어졌다. 은율이의 담임 선생님과 학부모 모임을 했을 때 선생님께서 은율이의 글을 공개적으로 칭찬해 준 것이었다. "어른의 입장에서는 아이의 글이 뭔가 빠진 것으로 보일 수도 있지만, 그것이 바로 아이가 쓴 글맛이다."라고 말이다.

아이를 칭찬하는 일은 생각보다 어렵다. 칭찬하고 싶은 마음은 굴뚝같지만, 아이를 관찰할수록 오히려 부족한 점이 자꾸만 눈에 띄기 때문이다. 이는 아이가 실제로 모자라기 때문이 아니라 아이를 향한 어른의 기대치가 너무 높아서 생기는 일이다. 기대치에 미치지 못하면 부모는 안타까움을 느끼고 때로는 섭섭한 마음마저 들게 된다. 그렇다고 무턱대고 칭찬만 한다면 이 또한 아이의 성장에 아무런 도움이 되지 않는다. 고래도 춤추게 하는 것이 칭찬이라고는 하지만 모든 칭찬에 고래가 춤을 추는 것은 아니다. 칭찬도 요령이 있어야 한다. 하나마나 한 칭찬은 아이에게 오히려 독이 된다. 아이는 엄마의 칭찬이 진심인지 아닌지 귀신같이 알아채기 때문이다.

내가 책과 아이 사이의 걸림돌은 아니었을까?

"주원이는 왜 책을 읽어 달라는 말을 안 할까?"

"요약하는 걸 너무 힘들어한다."

"주원이는 소라처럼 책을 혼자서 소리 없이 읽어 내는 수준이 못 된다."

"엄마가 읽어 줘야만 책을 읽는다."

주원이와 칭찬 놀이를 하기 위해 준비하다가 깜짝 놀랐다. 그동안 주원이를 대하면서 했던 말이 모두 부정적인 표현이라는 것을 알게 되었기 때문이다. 이렇게 직설적인 표현을 주원이에게 하고 있었다니, 얼굴이 화끈거렸다. 얼마 전에도 읽은 책에 대해 이야기해 보라고 했더니 앞부분만 세세하게 말해서 아이에게 답답하다고 말했던 일도 떠올랐다. 내가 주원이와 책을 잘 이어 주지 못한 것은 아닐까 죄책감도 들었고 그간 주원이가 혹시 상처를 받은 것은 아닌지 걱정이 밀려왔다.

칭찬은 아이가 잘하는 점을 발견해서 말이나 행동으로 표현하는 것이다. 하지만 현실에서 부모를 만족시키는 아이는 많지 않다. 부모라면 아이의 부족한 부분, 고쳤으면 하는 부분이 더 눈에 들어오기 때문이다. 아이를 칭찬할 때는 물론, 설령 아이의 부족한 부분을 지적할 때에도 부드럽게 말하기 위해서 노력해야 하고 문제점을 발견했을 때에도 그것을 단점이 아닌 설레는 목표로 바꾸어 주는 것도 부모의 몫이다. 칭찬은 아이의 마음을 움직이는 핸들과도 같다. 운전할 때 자동차가 원하는 방향으로 가고 있다면 자연스럽게 핸들을 움직이면 된다. 그러나 노면이 매끄럽지 않거나 원하는 방향으로 가고 있지 않다면 핸들을 틀어야 한다. 이때 서투른 운전자라면 급히 핸들을 조작해 자동차가 균형을 잃고 만다. 아이를 다루는 것도 마찬가지다. 칭찬으로 아이의 마음을 열고 바르게 이끌어 주기 위해서는 차를 운전하는 것보다 훨씬 더 섬세하게 접근해야 한다.

"요약이 많이 힘든가 보구나."

"그렇게 생각할 수도 있겠다."

선생님께 코치 받은 대로 말끝에 '~구나.'를 붙이고 '그렇게 생각할 수도 있겠다.'라고 말해 보았다. 평소 사용하던 말투가 아니라서 스스로 앵무새처럼 느껴지고 어색함을 감출 수 없었지만 주원이가 이전과는 다른 형태로 반응하는 엄마를 신기한 듯 쳐다보고 표정이 달라지는 것을 보니 계속 이어가야겠다고 마음먹었다.

"주원이가 좋아하는 책이 엄마가 고른 책이랑 달라서 깜짝 놀랐어."

"엄마, 난 이 책 앞부분이 제일 좋아."

주원이가 책의 앞부분을 좋아한다고 말한 이후로 굳이 뒷부분까지 기억해 보라며 재촉하지 않았다. 대신 앞부분에서 구체적으로 어떤 점이 마음에 들었는지 물어보기 시작했다. 그러자 주원이는 자신이 감동 받은 부분을 이야기하며 조금씩 책에 대한 감상을 털어놓기 시작했다.

나는 뒷부분에 나왔던 인물들과 재미있었던 에피소드에 대한 힌트를 던지며 주원이의 기억을 상기시켜 주었다. 한참 이야기꽃을 피우고 나서 아이와 산책을 하고 잠자리에 들기 전에 다시 한 번 책에 관해 이야기해 보았다. 이번에는 주원이의 반응이 달랐다. 책의 핵심적인 내용과 전체 내용을 제법 조리 있게 말하는 것이었다.

칭찬 놀이를 통해 아이와 책을 사이에 두고
어떻게 시간을 보내야 하는지
이제 조금은 알 것 같다.

엄마와 아빠가 아이와 책을 읽을 때 쉽게 하는 말이 있다. "이 부분을 빠뜨렸네.", "책이랑 다르게 말했어."와 같은 지적의 말이다. 지적을 받게 되면 다 큰 어른도 주춤하게 되는데 아이는 오죽할까? 그것도 자신이 믿고 의지하는 엄마와 아빠로부터 받는 지적이라면 아이가 받는 충격의 크기는 우리가 상상하는 것 이상이다. 아이의 모습이 기대에 못 미치더라도 아이의 처지에서 본다면 최선을 다한 결과일 수도 있다. 이를 인정하고 받아들여야 아이와 진정한 대화를 시작할 수 있다. 더 나아가 '내 아이의 최선이 겨우 이 정도인가?'라는 생각도 지워 버려야 한다. 문제는 부족한 아이에게 있는 것이 아니라 아이의 부족한 부분을 먼저 생각하는 부모에게 있다.

칭찬 놀이,

이렇게 해 보세요.

1. 엄마와 아이가 자신이 잘하는 것을 적어 보고, 서로의 장점에 대해서 칭찬한다.
2. 서로의 칭찬에 대해 호응하며 칭찬을 덧붙인다.
3. 아이의 부족한 부분을 지적할 것이 아니라 함께 달성할 목표를 찾는 것으로 바꿔 본다.
4. 부족한 부분이 조금이라도 개선되면 칭찬을 아끼지 않는다.
5. 칭찬의 내용에 대해서 충분히 이야기를 나눈 후 칭찬 놀이 양식에 정리한다.

아이와 함께 책을 읽을 때 엄마와 아빠는 책을 꼼꼼하게 읽는 것은 물론이고 아이를 어떻게 칭찬할까도 고민해야 한다. 처음에는 칭찬하고 싶은 것보다 가르치고 싶고 지적하고 싶은 것이 많아 힘들어 하는 부모가 더러 있다. 또한 비슷비슷한 칭찬만 반복해서 아이에게 신뢰를 잃기도 하며 칭찬할 만한 거리가 보이지 않는다는 이유로 푸념하는 부모도 있다. 하지만 이러한 고비는 아이의 좋은 점을 발견하기 위한 노력의 과정이다. 조급하게 생각하지 말고 이를 극복해 나가면 아이가 점점 더 사랑스럽게 보이는 경험을 하게 될 것이다.

칭찬은 발명이 아니라 발견이다. 평소에 아이를 깊이 관찰하면서 칭찬할 수 있는 소재를 개발해야 한다. 더불어 책 놀이를 준비할 때, 아이가 읽은 책이라면 아이보다 두세 번은 더 읽는다고 생각해야 한다. 책에 흥미가 생긴 아이라면 일상생활 속에서 책에 나온 내용을 그대로 따라 하고 싶어 하는 심리가 생긴다. 어린 시절 텔레

비전 속에 나오는 슈퍼맨을 보고 그대로 따라 하기 위해서 망토를 두르고 높은 곳에서 뛰어내리려 했던 것처럼 말이다. 아이가 이런 행동을 하는 것은 책을 읽었다는 것을 자랑하고 싶고, 부모의 관심도 끌고 싶다는 신호다. 따라서 이러한 신호를 제대로 발견하고 칭찬으로 돌려주기 위해서는 책에 있는 에피소드를 전부 기억할 수 있도록 책 구석구석에 CCTV를 설치한다는 생각으로 부모가 더 꼼꼼하게 읽어야 한다. 얕은 바다에는 배를 띄울 수 없다. 아이와 함께 책의 바다로 나아가기 위해서는 엄마와 아빠가 먼저 깊은 바다가 되어야 한다.

아이가 읽은 책에는 아이만의 감정과 색깔이 묻어 있다. "엄마랑 아빠도 그 책을 읽어 봤는데 정말 좋더라."라고 짧게 말하는 것만으로도 아이의 얼굴에서는 금방 우쭐해 하는 표정을 읽을 수 있다. 자기 생각을 존중받았다는 느낌을 본능적으로 느끼기 때문이다. 책에 관한 칭찬은 보통의 칭찬과 다르다. "쓰레기를 잘 치웠구나.", "밥을 깨끗하게 먹었네!" 등과 같은 칭찬은 아이의 행동을 다독이는 것이지만 책에 관한 칭찬은 아이의 생각을 존중하는 행위다. 아이의 집중력은 금방 다른 곳에 옮겨가고 흐트러지기 때문에 책과 관련된 기억이 오래가지 않아 사라지기 쉽지만 엄마와 아빠의 칭찬으로 다시 수면으로 떠오른다. 이러한 패턴이 반복되면 아이는 자신도 모르는 사이에 책에 의미와 가치를 부여하면서 책과 친숙한 아이로 성장하게 된다.

칭찬 놀이,
이것만은 주의하세요!

사람들은 흔히 칭찬이 무조건 좋은 것이라고 생각한다. 하지만 칭찬은 양날의 칼과 같다. 잘 사용하면 아이가 꿈을 펼칠 수 있도록 커다란 에너지를 불어넣을 수 있지만 잘못 쓰면 아이로 하여금 부모에 대한 신뢰를 잃게 만들 수도 있다. 따라서 칭찬에도 요령이 필요하다. 아이는 엄마와 아빠가 자신을 제대로 관찰하고 있는지를 중요하게 생각한다. 자신을 제대로 관찰하지 않고 뻔한 칭찬의 말을 성의 없이 늘어놓는 부모를 보면 아이는 아무런 감동을 느끼지 못한다.

아이를 칭찬할 때는 과장하지 않아야 하고, 적절한 시점을 놓치지 말아야 한다. 칭찬하기 좋은 가장 좋은 때는 언제나 '바로 지금'

이다. 더불어 중요한 것은, 부모로서 하고 싶은 칭찬이 아니라 아이가 듣고 싶어 하는 칭찬을 해야 한다는 점이다. 그래야 아이의 마음을 움직일 수 있다. 한 가지를 덧붙인다면 아이 앞에서 자신을 낮추어 보라고 권하고 싶다. "엄마는 이런 생각을 못해 봤는데.", "아빠보다 똑똑하구나."와 같이 아이에게 엄마와 아빠도 모르는 것을 발견해 주었다며 흥을 실어 주는 것이다. 책을 앞에 두고 가르치는 입장이 아니라 함께 배우는 입장이라는 것을 아이가 가슴 속 깊이 느끼게 해 주어야 한다.

여우난골족

백석(지은이) | 홍성찬(그림) | 창비

칭찬은 발견에서 시작된다. 제대로 발견하기 위해서는 연습이 필요한데, 백석 시인이 쓴 빼어난 작품인 '여우난골족'에 그림을 입힌 이 책은 바로 발견의 기술을 배울 수 있는 책이다. 책 속에는 유년 시절 일가친척들이 모두 모여 한바탕 잔치를 벌이는 풍경을 놀랍도록 구체적이고 정감 넘치는 언어로 표현되어 담겨 있다. 시인이 엄선한 단어를 보면서 우리 말의 아름다움을 발견하는 것은 덤이다.

1. 칭찬 놀이

우리 가족이 잘 하는 것

예) 엄마는 바느질을 잘하고, 아빠는 만들기를 잘하고, 나는 오카리나를 잘 불고, 동생은 귀엽다.

아이가 직접 가족의 장점을 하나씩 말할 수 있게 해 주세요. 장점이 아닌 것을 말하더라도 있는 그대로 해주세요.

(　　　　)의 장점

빈칸에 아이의 이름을 쓰고,
엄마, 아빠가 생각하는 아이의 장점을 적어 주세요.

(　　　　)의 생각

엄마, 아빠가 쓴 것을 보고 아이가 자유롭게 쓸 수 있도록 해 주세요.

엄마, 아빠의 장점

아이가 엄마, 아빠의 좋은 점을 구체적으로 쓸 수 있도록 해 주세요.

엄마, 아빠의 생각

아이가 쓴 것을 보고
솔직한 느낌을 적어 주세요.

참 잘했어요!

예) 잔소리 많은 엄마를 좋게 생각해 줘서 고마워.
엄마가 맛있는 저녁을 만들어 줄게.

아이와 함께 '칭찬 놀이'를 하면서 느꼈던 생각을 칭찬과 함께 적어 주세요.

감정이 없는

엄마가 싫어?

인터뷰 놀이

인터뷰 놀이의 핵심은 엄마와 아이가 서로의 속마음을 꺼내 보이는 것이다. 인터뷰라는 형식을 통해 아이와 엄마는 마치 사랑에 빠진 연인처럼 떨리는 마음으로 인사를 나누게 되고, 서로 무엇과도 바꿀 수 없는 중요한 사람이었음을 확인하게 된다.

엄마는 아이를 오해하고
아이는 엄마를
궁금해한다

"따르릉!"

오늘도 어김없이 알람 소리를 끝까지 듣고 나서 몸을 일으킨다. 어제 새벽까지 무리한 탓인지 목이 따갑다. 아침상을 차리고 경주를 깨웠다. 평소에는 늘 잠투정을 부렸는데 고분고분 일어난다. 눈도 제대로 맞추지 않고 화장실로 가는 뒷모습을 보니 어젯밤 일이 떠오른다.

종일 스마트폰을 손에서 놓지 않아 야단을 치고 빼앗았더니 경주가 크게 반항하며 방문을 쾅 닫았던 것이다. 경주가 그렇게 화를 내는 것은 처음 봤다. 식탁에 마주 앉기는 했지만, 선달 찬바람처럼 냉랭한 공기가 맴돌았다.

"교과서는 다 챙겼니?"

경주는 말없이 고개만 끄덕인다. 게눈 감추듯 밥 한 그릇을 뚝딱 비우더니 훌쩍 일어나 가방을 들고 현관으로 간다. 덩달아 몸을 일으켜 현관까지 배웅을 갔지만, 경주는 본체만체한다. 뭔가 말을 하려고 했지만 거울만 슬쩍 보고 문고리를 잡는 경주의 모습에 말을 거뒀다. 경주가 문을 열다가 말고 별안간 돌아보며 허리를 꾸벅 숙이고 가 버린다.

현관에 우두커니 서서 멍하니 있다가 다시 식탁으로 돌아와 정리하고 출근 준비를 하는 마음이 무겁다.

최근 아이와 주고받은 대화의 내용을 떠올려 보자. 감정을 묻고 답하는 대화가 아니라 정보를 교환하기 위한 대화가 대부분은 아니었을까? 초등학교 4학년인 경주는 엄마의 기억 속에서 엄마를 무척 따르는 아이였다. 함께 책을 읽는 것은 물론 밤에는 엄마의 팔을 베고 자장가를 들어야 잠을 잘 만큼 엄마에 대한 애착이 강했다. 경주가 행복한 표정으로 잠드는 모습이 눈에 아직도 선하고 그 순간을 떠올리면 엄마의 가슴은 따뜻해진다. 하지만, 최근에 경주와 엄마는 싸움이 잦고 간단한 대화조차 이어가기가 어려웠다. 어쩌다 이렇게 되었을까?

"경주야, 엄마랑 인터뷰하지 않을래?"

"인터뷰?"

"엄마랑 인터뷰하자, 저번에 읽은 『엄마 사용법』 기억하지? 그 책이랑 펜 가지고 와."

먼저 운을 떼기는 했지만 경주가 인터뷰 놀이에 쉽게 응하리라고 기대하지 않았다. 하지만 인터뷰 놀이를 앞두고 보인 경주의 태도가 사뭇 진지해서 놀랐다. 책상을 깨끗이 정리하고 앉아서 기다리는 모습을 보면서 아직 나와

무언가를 함께하는 것에 대해 기대를 버리지 않았다는 사실이 뿌듯했다. 미리 준비한 종이에 몇 가지 질문을 적어서 경주에게 보여 주었다. 가장 기억에 남는 구절은 무엇인지, 왜 그 구절이 기억에 남는지, 엄마에게 묻고 싶은 이야기는 무엇인지 등. 경주는 종이를 받고 잠시 고민했다.

"쓰지 않아도 돼. 엄마가 받아 적을게."

"진짜?"

"응, 말해 봐. 엄마가 경주를 인터뷰하는 거야."

"책에 나오는 엄마는 청소랑 빨래, 요리를 완벽하게 하기는 하지만 감정이 없어서 엄마 같지가 않아. 감정이 없는 엄마가 왜 집에 있는지 모르겠어."

"감정이 없는 엄마가 싫어? 엄마가 감정이 없으면 혼내지도 않을 텐데?"

"음, 그래도 싫어. 나도 감정이 없어질 것 같아."

"엄마가 어제 스마트폰 때문에 경주 혼 내켰는데도?"

"화는 나지만 엄마들은 원래 그러잖아?
난 괜찮아."

"엄마, 안 미워?"

"안 미워, 그냥 그때 화가 난 것뿐이야."

인터뷰 놀이를 하기 전, 경주 엄마의 가장 큰 걱정은 스마트폰을 사이에 두고 경주와 며칠간 실랑이를 벌인 일 때문에 엄마를 미워하고 있을 것이라는 막연한 두려움이었다. 질문을 만들면서 엄마가 정말 밉다고 말하면 어쩌나 고민했던 것과 달리 경주는 의외로 무심한 반응을 보였다. 자신은 단지 스마트폰을 빼앗긴 것에 화가 났을 뿐이며 엄마를 미워하지 않는다는 답이 돌아왔을 때 경주 엄마는 자신의 지레짐작으로 경주의 마음을 오해했다는 것을 알게 되었다고 한다. 한 차례의 고비를 넘긴 경주와 엄마는 장마철에 비구름이 모여드는 것처럼 많은 질문과 답을 종이에 적기 시작했고, 오히려 진짜 문제는 다른 곳에 있었다는 것을 발견했다.

“엄마한테 궁금한 거 없어?”

“있어, 엄마는 대체 무슨 일을 해? 내가 학교 가면 집이나 회사에서 무슨 일을 해?”

“엄마는 경주가 학교에 가면 설거지 같은 집안일을 하느라 바쁘고 집안일을 마치면 서둘러 회사로 가. 가끔은 지하철에서 화장을 하기도 한단다.”

“정말? 이제 알았네!”

경주의 질문을 받고 엄마는 깜짝 놀랐다고 한다. 지금 하고 있는 일이 아이가 이해하기에는 어렵고 복잡하다는 이유로 한 번도 제대로 설명하지 않았다는 것을 깨달았기 때문이다. 설마 경주가 그것을 궁금해하고 있으리라 생각하지 못했고, 경주한테는 학교에서 있었던 일을 꼬치꼬치 캐묻기도 하면서 엄마의 일상에 대해서는 함구했다는 사실에 부끄럽기까지 했다고 고백했다. 경주 엄마는 교육시민단체 간사로 일하고 있었는데 시민단체라는 특성을 아이가 이해할 수 있을까 걱정은 했지만 차근차근 하는 일을 설명하자 경주의 얼굴이 환해졌다고 한다. 경주와 엄마는 인터뷰 놀이를 통해서 서로에 대한 오해를 푼 것이다.

엄마가
먼저 변해야
아이도 변한다

주미는 책임감이 강한 아이다. 아직 어리기는 하지만 동생을 돌보는 일도 잘하고 하루에 책을 10권 읽겠다고 마음먹으면 그대로 실천하는 강단도 있다. 그런데 감정 기복이 심해서 시무룩한 표정을 짓고 있을 때가 종종 있고, 왜 그러는지 속마음을 물어보면 대답을 피한다. 뭔가 깊이 생각하는 것은 알겠는데 가끔 감정이 널뛰기를 할 때면 움직이는 시한폭탄을 보고 있는 것처럼 안절부절못할 때가 많다.

"주미야, 엄마가 옆집 동연이 이모랑 숙제해야 하는데 도와줄 수 있어?"

"엄마 숙제라면서 왜 내가 해?"

"엄마와 딸이 같이 읽고 쓰는 거야. 똑같은 책을 주미도 읽고 엄마도 읽고 나서 같이 하는 거야."

"무슨 그런 숙제가 다 있어?"

주미는 엄마도 숙제를 해야 한다는 사실이 재미있었던 모양이다. 『혼나지 않게 해 주세요』라는 책의 제목도 주미의 관심을 끄는 데 한몫을 했다. 이 책을 읽으면서 주미와 나는 함께 울고 웃었다. 작가가 주미를 모델로 쓴 것은 아닐까 싶을 정도로 비슷한 부분이 많았기 때문이다. 특히 "내가 그렇게 말하면 엄마는 더 많이 화를 낼 게 뻔해. 나는 입을 꾹 다물고 고개를 돌려 버려. 고개를 돌린 채, 아무 대꾸도 않고 혼나기만 해."라는 부분에서 주미가 크게 공감하며 한숨을 쉬었다. 그 모습을 보면서 이때를 놓치지 말아야겠다고 생각했다.

"맨날 혼나는 아이는 억울할 것 같아. 주미도 그런 일 있었어?"

"응. 동생이 잘못했는데 내가 더 혼났잖아. 엄마가 계속 혼자만 말해서 난 끝까지 입을 꾹 다물고 있었어."

주미는 내 성격의 문제점을 정확하게 말했다.

어려서부터 나는 미적지근한 상황을 견디기 어려워했다. 먼저 앞장서서 문제를 해결하거나 말을 툭 내뱉어 버리는 성미였다. 이 때문에 친구와 많이 다투기도 했고, 어색한 분위기를 참지 못해 먼저 사과하는 것도 내 쪽이었다. 이런 성향은 아이를 키우면서도 그대로 드러났다. 아이를 혼내고 나면 시무룩하게 앉아 있는 아이의 기분을 풀어 주기 위해 갑자기 분위기를 띄우거나 어서 기분을 풀라고 재촉했던 것이 주미의 눈에 어떻게 비추어졌을까?

아이와 함께 책 놀이를 하기 위해서는 무장을 해야 한다. 도서관을 방불케 하는 서가와 책에 관련된 지식과 혜안으로 무장하라는 것이 아니라 마음을 단단히 먹어야 한다는 뜻이다. 아이와 눈을 마주치고 책을 읽으며 질문을 주고받는 것은 서로의 감정을 교환하게 되는 것은 물론이고 이런저런 상처를 들추는 일이기 때문이다. 주미의 엄마도 이런 경우에 속했다. 자신도 외면하고 싶었던 단점을 아이를 인터뷰하면서 다시금 깨닫게 되었고, 과거의 소소한 기억마저 떠올랐던 것이다. 이렇게 책 놀이를 하다 보면 아이는 물론 엄마와 아빠의 감정마저 요동치는 순간을 뜻하지 않게 만나게 된다. 이럴 때에는 억지로 외면하고 책으로 돌아가기 위해 노력하기보다는 과감히 책을 덮고 스스로를 다독여야 한다.

"엄마가 성격이 급하지? 말도 빨리하고.
엄마도 혼내기 전에 혹시 주미가 억울한 것은 없나 생각해 볼게."

"히히히. 엄마가 일주일에 한 번씩 숙제하는 거 좋다. 엄마 출근하지 말고 숙제만 하면 안 되나?"

주미는 엄마의 숙제라고 불리는 책 놀이를 좋아했다. 엄마가 자기 생각대로 변한다고 생각하니 으쓱해 하는 것도 같았다. 아이의 속마음을 알기 위해서 시작했지만 오히려 나의 속 이야기를 꺼내 놓게 되어 낯설고 부끄러울 때도 있었다. 하지만 앞으로 더 많은 이야기를 나눠야겠다는 생각에는 변함이 없다. 언젠가는 주미의 마음도 알 수 있을 테니까.

인터뷰 놀이,

이렇게 해 보세요.

1. 엄마와 아이가 서로에게 궁금한 질문과 답변을 세 가지 정도 쓰고, 나눠 가진다.

2. 서로의 답변을 다른 종이에 받아 적거나 녹음을 한 후 함께 읽고 들으면서 양식에 정리한다. 사진기나 스마트폰을 이용해 촬영과 녹음을 하면 더욱 효과적이다.

3. 답변에 관련된 언어적 특성과 비언어적 특성(상대방의 눈을 바라보며 경청한다든지, 고개를 끄덕여 호응해 준다든지 등)을 골고루 짚어가며 칭찬한다.

아이는 물론 부모도 '인터뷰'라는 단어에 부담을 느낀다. 인터뷰는 TV나 신문에 등장하는 유명인사들이 리포터와 마이크를 사이에 두고 하는 특별한 일이라고 생각하기 때문이다. 하지만 인터뷰도 결국 하나의 대화다. 설거지하면서 아이에게 오늘 유치원에서 무슨 일이 있었는지를 묻는 것도 하나의 인터뷰이고 식탁에서 무심코 주고받는 말도 인터뷰가 될 수 있다. 질문을 던지고 대답을 듣는 것과 같이 인터뷰의 원칙은 단순하지만 제대로 하기는 쉽지 않다. 평범한 대화와 달리 인터뷰는 그 이름 자체로 사람을 긴장시키기 때문이다.

하지만 이러한 긴장이 인터뷰 놀이의 핵심이다. 대화는 흘러가 버리는 시냇물 같지만 인터뷰는 기록으로 남아 보관되기 때문에 집중하게 되고 종이에 받아 적거나 녹음을 하는 엄마와 아빠의 모습에서 아이는 자신이 하는 말이 진지하게 받아들여지고 있다는 느낌을 받는다. 이렇게 인터뷰 놀이를 통해 느끼는 성취감과 만족감은 아이의 기억 속에 오래도록 남아 있게 되고 다른 책 놀이를 이어가는 발판을 마련해 준다.

이 세상의 어떤 일도 첫술에 배부를 수 없다. 처음부터 속 깊은 이야기를 끌어내기 위해 노력하는 것보다 가벼운 질문부터 천천히 예열하는 것이 필요하다. 따라서 인터뷰 놀이 중 가장 신중해야 할 단계는 준비 과정이다. 처음에는 도무지 질문이 떠오르지 않아 난감할 때도 있지만, 시간이 지나면 지날수록 이렇게 아이에게 묻고 싶은 것이 많았는데 어떻게 참고 살았나 싶을 정도로 인터뷰 놀이 시간이 기다려진다. 아이 역시 마찬가지다. 이렇게 대화의 물꼬를 터주고 나면 인터뷰가 자칫 엉뚱한 방향으로 흘러가기도 하지만 이런 과정을 거치면서 아이는 물론 엄마와 아빠도 서로에게 궁금한 것을 어떻게 묻고 답해야 할지 저절로 습득하게 된다.

하지만 속마음을 알아낸다는 것은 쉬운 일이 아니다. 인터뷰를 아무리 깊게 해도 속마음을 진정 알았다고 장담할 수 없다. 사람들이 속마음을 감추는 이유는 단 한 가지, 다치지 않기 위해서다. 속마음을 꺼내 놓았다가 상처를 받으면 돌이킬 수 없다는 것을 알기 때문이다. 설령 그 상대가 가족이라고 할지라도 말이다. 예를 들어 동생과 싸움이 잦은 아이가 있다고 하자. 이 아이가 동생의 장난감을 빼앗는 것을 엄마나 아빠가 목격한다면 장난감을 뺏는 행위 자체를 문제 삼고 야단친다. 야단치고 난 후, 엄마와 아빠가 기대하는 아이의 모습은 잘못을 반성하고 동생을 괴롭히지 않는 태도를 보이는 것이다. 그러나 현실에서 아이의 태도는 정반대의 경우가 대부분이다. 분명히 자신이 잘못한 것을 알면서도 아이는 억울한 표정을 짓고 비슷한 행동을 반복한다. 이때 엄마와 아빠는 아이의 속마음을 발견해 주어야 한다. 동생이 있는 아이의 속마음은 대개 자신을 향한 사랑이 줄어들고 있다는 불안감이 자리하고 있다. 엄마와 아빠의 사랑을 독차지하던 좋은 시절은 가고 사랑을 빼앗아 가는 동생에 대한 질투가 마음에 싹트게 된다. 그러나 아이들은 자신의 두려움과 질투를 정확하게 분석할 수 있는 능력이 없다. 자신의 감정을 이해하고 냉정하게 바라볼 수 없는 아이의 눈에 동생은 그저 자신의 기분을 상하게 하는 존재로 보일 뿐이다. 이때, 엄마와 아빠가 이런 아이의 심경 변화를 알아채는 것도 중요하지만 아이 스스로 자신의 감정을 깨닫게 해 주는 것이 더욱 중요하다. 이를 위한 최고의 방법이 바로 인터뷰 놀이다.

속마음을 끄집어내는 인터뷰를 진행하려면 아이의 마음을 편안하게 해 주고 몰입할 대상을 만들어 주어야 하는데, 가장 효과적인 방법이 바로 놀이라는 형식을 활용하는 것이다. 놀이를 할 때에는 아이의 집중력은 높아지고 속마음을 감추려 하는 태도는 사라진다. 여기에 책이라는 촉매제를 엄마와 아빠, 아이 사이에 놓는다.

책에 등장하는 다양한 에피소드를 활용해 감정을 끌어내고 궁금한 것을 아이에게 직접 묻는 대신 주인공에게 질문을 던지며 아이가 입을 열기를 기다리면 된다. 인터뷰 놀이를 경험한 엄마들의 반응은 매우 다양하다. 아이가 가장 중요하게 생각하는 것과 고민을 처음 알게 된 엄마, 아이의 호기심을 무시했다는 사실을 깨닫고 부끄러워하는 아빠, 아이의 마음을 모두 알고 있다고 자만했던 엄마 등. 하지만 이러한 반응은 대체로 세 마디로 요약된다. "부끄럽다.", "몰랐다.", "이제 알았다." 인터뷰 놀이는 아이와 부모가 속마음을 꺼내 보일 수 있는 소중한 기회다. 생각지도 못했던 아이의 질문을 받고 가족 관계와 부모의 역할에 대해서 되돌아보게 되었다는 한 부모의 고백은 자녀가 부모의 보호를 받는 존재일 뿐만 아니라 부모가 놓친 것을 일깨워 주는 친구이자 동반자 역할을 하고 있다는 점을 알려 준다.

인터뷰 놀이,
이것만은 주의하세요!

아이는 인터뷰 놀이를 하면서 자신이 하는 말을 엄마가 메모하는 것을 보면서 존중받고 있다는 느낌에 평소보다 말을 조리 있게 할 수도 있지만 반대로 긴장해서 더듬을 수도 있다. 이때 간식을 준비해 편안한 분위기를 만들어 인터뷰를 즐거운 놀이로 만들어 주는 것이 필요하다. 그리고 사전 준비 없이 질문을 즉흥적으로 하는 것은 피해야 한다. 아이를 충분히 관찰하면서 질문지를 성실하게 작성하지 않으면 멍석을 깔아 놓은 것처럼 서로 민망해하면서 헛물민 거고 말 수도 있다.

인터뷰는 표정과 태도는 물론 미묘한 어투와 몸동작에 이르기까지 모든 요소가 영향을 미치기 때문에 자녀의 눈빛과 표정의 변화에 촉각을 곤두세워야 한다. 아이가 질문에 서툴거나 답변을 할 때 헤맨다는 느낌이 들어도 주도권은 언제나 아이에게 있어야 한다. 인터뷰는 질문하는 사람과 답변하는 사람 사이에 적당한 긴장감을 동반한다. 이 긴장감이 평소와는 다른 대화의 양상을 만들어 내기 때문에 긴장을 없애기 위해 지나치게 친근한 태도를 보이거나 잦은 칭찬을 하는 것은 피해야 한다. 인터뷰하는 동안 부모는 아이를 동등한 인격체로 바라보아야 한다.

엄마 사용법

김성진(지은이) | 김중석(그림) | 창비

'엄마 장난감이 배달되었다.'라는 독특한 소재가 돋보이는 이 책은 엄마의 역할에 대해서 생각할 거리를 던져 준다. 장난감이었던 엄마가 주인공과 함께 살아가면서 진짜 엄마가 되어 가는 과정을 보면서 아이와 많은 이야기를 나눌 수 있다. 다만, 엄마에 대한 애착이 유난히 강한 아이는 거부감을 보일 수도 있으니 다른 책으로 인터뷰 놀이를 진행해야 한다.

혼나지 않게 해 주세요

구스노키 시게노리(지은이) | 이시이 기요타카(그림) | 고향옥(옮긴이) | 베틀북

『혼나지 않게 해 주세요』는 아이들의 속마음이 잘 나타난 책이다. 혼나는 아이의 수많은 사정을 짚어나가면서 부모와 아이 사이의 오해를 풀어나갈 수 있는 단서를 제공한다. 초등학교 저학년 전후의 아이들은 공정한 것에 대해서 민감하다. 자신이 부당하게 꾸중을 들었다고 생각되면 마음에 상처를 받는 것은 물론 마음의 문을 닫아버리는 경우도 있다. 왜 그렇게 행동했는지를 한 번 더 아이에게 물어본다면 아이가 억울한 마음을 품게 되는 일은 막을 수 있을 지도 모른다. 이 책은 아이를 자주 혼내거나, 아이가 기가 죽은 것처럼 느끼는 가정에 도움이 될 것이다.

2. 인터뷰 놀이

엄마, 아빠에게 궁금한 것 예) 엄마는 내가 학교에 가고 나면 무슨 일을 해?	**(　　　)에게 궁금한 것**
엄마, 아빠의 답변	**(　　　)의 답변**
엄마, 아빠에게 궁금한 것	**(　　　)에게 궁금한 것**
엄마, 아빠의 답변	**(　　　)의 답변**

참 잘했어요!

예) 엄마는 우리 아들이 무엇을 궁금해 하는지 몰랐는데,
이렇게 이야기해주니까 너무 좋다. 앞으로 궁금한 것이
있으면 자주 물어보면서 지내자!

아이와 함께 '칭찬 놀이'를 하면서 느꼈던 생각을 칭찬과 함께 적어 주세요.

Chapter 2

감정표현이 서툰 아이를 위한 책놀이

아이의 표현력은 모두를 놀라게 한다.
감정에 솔직한 모습은 아이는 물론 보는
사람마저 흐뭇하게 하는 마법을 부린다.
하지만 아이가 어른이 되어 갈수록 감정을
표현하기보다는 감추는 데 익숙해진다.

아이가 가진 풍부하고 순수한 감성을
지켜 주는 일도 부모의 몫이다.

책 놀이는 감정을 깨우는 북소리다. 기쁨과
슬픔, 설렘과 안타까움, 환희와 즐거움을 맘껏
느끼고 표현하는 아이는 스스로는 물론 주변을
행복하게 만드는 아이로 자랄 것이다.

엄마에게 하는 말이

‘밥 줘!’
밖에 없어.

표정 놀이

표정은 감정의 거울이다. 아이가 자신의 감정을 정확하게 말이나 행동으로 표현하지 못한다면 고개를 들어 얼굴을 살펴야 한다. 표정에는 감정이 녹아 있고, 표정을 통해 아이의 감정을 읽을 수 있다. 표정은 아이의 내면세계로 인도하는 훌륭한 이정표다.

말이 아닌 표정으로 숨은 감정 찾기

"아빠, 과학책만 읽으면 안 돼?"

초등학교 2학년이 되자 지훈이는 독서록을 쓰는 숙제 때문에 매일 난관에 봉착한다. 과학책을 읽을 때는 신이 나서 시간 가는 줄 모르던 아이가 위인전이나 동화책을 읽으면 몸을 비비 꼬고 헤맨다. 과학책은 시키지 않아도 반복해서 읽고 스스로 요약도 잘하지만 조금만 문학적인

내용이 포함되거나 상상력이 필요한 책을 만나면
거부감을 보인다. 지훈이가 혹시 다른 아이들보다
감수성이 부족한 것은 아닌가 걱정도 되고,
평소 아빠가 무뚝뚝한 탓인가 싶어 자책감도 든다.

"나는 가족들이 왜 돼지로 변신했는지
모르겠어."

『돼지책』을 읽으면서 지훈이는 책 속에 등장하는
가족의 감정을 제대로 이해하지 못한 것

같았다. 그림이 품고 있는 의미를 파악하는 것을 어려워했고, 과학과 관련된 소재가 아니다 보니 집중도도 확연히 떨어졌다.

"이 책을 읽고 나서 어떤 감정을 느꼈니?"

"잘 이해가 안 가. 아빠와 아이들이 신 나게 웃다가 갑자기 돼지로 변하고, 마지막에는 엄마도 막 웃고. 이상해."

책 놀이를 진행하면서 가장 난감한 순간은 아이가 말하는 것과 글을 읽고 쓰는 것 자체를 어려워하는 가족을 발견할 때이다. 이 문제를 어떻게 극복해야 할까 고민하는 날이 이어졌고, 잠시 머리를 식힐 요량으로 스마트폰에 저장해 놓은 아이들의 사진을 보다가 기분 좋게 웃고 있는 나를 발견했다. 사진 속의 아이는 표정으로 모든 것을 말하고 있었다. 이가 없으면 잇몸으로 산다고 했다. 표정 놀이는 이 말을 떠올리면서 개발했다. 자신의 감정을 표현하기 어려워하는 아이에게 책 속에 등장하는 인물의 감정을 따라가며 읽는 것은 매우 힘든 과제다. 특히 동화책이나 위인전같이 주인공의 감정에 집중하며 읽어야 하는 책이라면 더욱 그렇다. 동화책을 멀리하는 아이들은 활자로 된 감정을 파악하는 것을 어려워할 뿐 감수성이 부족한 것을 의미하지 않는다는 것을 먼저 기억할 필요가 있다. 아이에게서 글을 뽑아내려 하지 말고 표정을 먼저 읽어야 한다. 말이 아니라면 표정으로! 글이 아니라면 그림으로!

"지훈아, 이 책 표지에 있는 그림을 보니까 어떤 생각이 들어?"

"아이들과 아빠는 기분이 좋아 보이는데 엄마 얼굴은 왠지 기분이 별로인 것 같은데?"

"이렇게 엄마가 아빠랑 꼬마들을 다 업고 있으면 힘들지 않을까? 지훈이라면 어떻게 하겠어?

"아빠가 더 힘이 세니까 엄마랑 위치를 바꿔."

"그것도 좋은 생각이구나. 아빠는 아빠랑 꼬마들이 힘을 합쳐서 엄마를 업어 주면 좋겠어."

"근데 꼭 엄마, 아빠만 아이들을 업으라는 법은 없으니까, 꼬마들이 엄마랑 아빠를 업으면 어떨까? 그림책이니까 다 할 수 있지 않을까?"

그림책에 실려 있는 그림을 중점적으로 다루자 지훈이가 지루해 하는 것이 눈에 띄게 줄었다. 본격적으로 표정 놀이를 해 볼 요량으로 몇 가지 시도를 더 해 보았다.

"지훈아, 엄마가 슬픈 표정을 지은 이유가 뭔지

한 번 살펴볼까?"

"그러고 보니 아빠랑 꼬마들이 엄마에게 하는 말이 '밥 줘!' 밖에 없어. 엄마는 밥하고 설거지도 하고 청소도 하고 일도 해. 나라도 슬플 것 같아."

"지훈이가 『돼지책』의 핵심을 파악하고 있는 것 같은데?"

칭찬해 줬더니 지훈이가 웃었다. 그림책을 이렇게 재미있게 보는 모습은 처음 봤다.

덩달아 나도 기분이 좋아졌다. 이건 좀 어렵지 않을까 생각하면서 한 가지를 더 물어보았다. 책 전체를 훑으며 주인공의 표정이 변하는 과정을 말해 보라고 한 것이다.

"지훈아, 엄마의 표정이 어떻게 바뀌었는지 한 번 살펴볼까? 엄마의 표정이 어디에서 달라졌니?"

"음, 표지에서 엄마는 슬픈 표정이었고 집안일을 할 때도 비슷한 표정이었어. 그런데 가족들이 돼지로 바뀌고 나서 고생하니까 조금 웃다가

집안일을 다 같이 하니까 웃는 표정으로
바뀌었어!"

"지훈아, 아빠는 이 책에서 아빠의 표정이
재미있어. 여기 아빠가 웃고 있는 그림이 있다!
어떤 느낌이 들어?"

"음, 좀 어려운데? 아빠 표정은 뭐랄까 왠지
넉넉해 보여. 지난번에 엄마랑 아빠랑 양로원에
봉사활동 하러 갔을 때 아빠 표정이랑
비슷하네!"

지훈이가 봉사활동을 갔던 일까지 떠올리면서 대답할 줄은 몰랐다. 표정에 집중하면서 책을 읽으니 아이도 부담 없이 즐기는 것 같았다. 지훈이가 결코 감수성이 약하거나 감정이 없는 아이가 아니라는 사실을 발견한 것은 표정 놀이의 가장 큰 수확이었다. 어떻게 표현해야 하는지 방법을 잘 모르기 때문에 표현을 못 한 것은 아닐까 하는 생각이 들었다. 앞으로 지훈이와 함께 책을 볼 때는 인물들의 표정을 유심히 살펴보면서 지훈이랑 재미있게 이야기를 나눠 봐야겠다.

아빠는 지훈이가 어려워하면 대답을 기다리거나 재촉하기보다는 곧바로 화제를 바꿔가며 대화를 능숙하게 진행했다. 이 때문에 지훈이는 과학책만 고집하던 습관을 버리고 새로운 책에 대한 흥미를 발견하게 되었다. 또한, 책을 볼 때 글을 읽어야 한다는 강박에서 벗어나 그림을 중심으로 이야기를 풀어 나간 것이 지훈이의 마음을 움직였다. 지훈이와 아빠가 함께 읽은 『돼지책』을 포함해서 다수의 그림책에는 등장인물의 감정이 생생하게 그림으로 표현되어 있다. 표정만 보더라도 감정을 느낄 수 있게 하는 것이 책에 수록된 그림의 목적인 만큼 그림만 꼼꼼하게 살피는 것으로도 책을 온전히 읽은 효과를 볼 수 있다.

표정 놀이,

이렇게 해 보세요.

1. 표지나 본문에 나오는 독특한 표정에 관해서 이야기를 나눈다.

2. 표정을 말로 묘사해 보거나 직접 그려 본다.

3. 책에 나오는 인물 중 한 사람을 정하여 표정이 어떻게 변화하는지 이야기를 나눈다.

4. 책 속 인물의 표정을 가족이 모두 따라 해 보며 마무리한다. 사진으로 남길 수 있다면 더욱 좋다.

표정 놀이는 다른 책 놀이와 달리 이미지에 많이 의존하는 놀이법이다. 아이들은 텍스트보다 이미지에 훨씬 더 친숙하고 민감하게 반응한다. 때로는 텍스트마저도 이미지로 흡수하는데 맞춤법을 익힐 때 이런 특징이 잘 나타난다. 책 놀이를 진행할 때 아이가 쓰는 글에서 맞춤법이 틀린 단어를 발견하면 반사적으로 빨간 펜부터 드는 학부모를 종종 만나고는 하는데, 그것은 아직 아이가 텍스트를 이미지로 인식하고 있음을 나타내는 자연스러운 현상이므로 텍스트의 세계로 아이를 성급하게 인도할 필요는 없다. 텍스트와 이미지는 우위를 가를 수 없으며, 둘 다 그 자체로 생각을 전달하고 표현하는 훌륭한 수단이다. 따라서 텍스트와 이미지를 분리해서 사고하는 습관을 들이면서 천천히 맞춤법을 교정해 나가도 늦지 않다.

표정 놀이는 아이들이 가장 흥겨워하는 놀이 중 하나다. 책 속에 등장하는 표정을 따라 하고 엄마와 아빠의 표정을 관찰하면서 아이는 시간 가는 줄 모르고 놀이에 몰입한다. 또한 표정 놀이는 아직 글자를 익히지 못한 아이도 참가할 수 있으며 가능하다면 온 가족이 동그랗게 모여 앉아 서로의 표정을 관찰할 것을 추천한다. 아이보다 더 파격적인 표정을 지어 보이겠다는 각오로 임하다 보면 책을 통한 교훈과 감동보다 더욱 소중한 가족 간의 추억이 쌓일 것이다. 표정 놀이에 익숙해지면 한 가지 방법을 더 시도해 보기를 권한다. 그림책에 있는 글을 모두 가리고 그림만 보이도록 한 후, 포스트잇으로 그림 속 인물의 대사를 직접 만들어 보는 것이다. 포스트잇으로 책이 뒤덮일수록 이 세상에 딱 한 권밖에 없는 우리 가족만의 책을 갖게 될 것이다.

표정 놀이, 이것만은 주의하세요!

표정 놀이를 진행하면서 기억해야 하는 것은 딱 하나다. 이미지와 표정에는 정답이나 규칙이 없다는 것. 이미지와 표정이라는 도구를 쥐여 주면 아이들은 상상의 나래를 한없이 펼친다. 글은 책 안에 머물러 있지만 그림은 얼마든지 책 밖으로 뛰쳐나올 수 있다. 아이들의 상상력을 제한하기보다는 오히려 마음껏 뛰놀 수 있는 운동장을 만들어 주는 것이 필요하다.

이리저리 움직이고, 책에 낙서하면서 소리 내어 읽다가도 어느덧 잠드는 아이들은 제 나름의 방식으로 책과 친해지는 중이다. 표정 놀이를 하다 보면 아이들은 유난히 책에 낙서를 하거나 책의 한쪽

끝을 접거나 훼손한다. 책을 소중히 다루는 것은 훌륭한 습관이지만 이것은 좀 더 자라고 나서 해도 늦지 않다. 책을 보면서 여기저기 낙서하거나 엉뚱한 곳에 그림을 그리는 아이들의 행동을 너그럽게 이해해 주자. 그래야 책이 아이들에게 즐거운 놀이터가 될 수 있다.

표정 놀이,

이 책을 추천합니다

돼지책

앤서니 브라운(지은이) | 허은미(옮긴이) | 웅진주니어

엄마에게 모든 것을 의존하면서 몸이 돼지로 변한 가족이 등장하는 파격적인 그림책이다. 행복한 가족의 일원이 되는 과정을 돼지가 된 가족이 다시 사람이 되는 과정에 비유한 작가의 재치가 돋보인다. 전 세계 독자의 지지를 받고 있는 앤서니 브라운의 그림은 위트가 넘치고 촌철살인의 글은 읽는 재미가 있다.

3. 표정 놀이

책제목

표정 그리기

왜, 그 표정을 골랐나요?

예)엄마 표정이좋지 않아요.
마치 무거운 짐을 들고
있는 것 같은 표정이라
마음이 아파요.

표정 그리기

왜, 그 표정을 골랐나요?

표정 변화를 그리기

책 속에 등장하는 인물의 표정 변화를 그림으로 그리도록 해주세요.

참 잘했어요!

아이와 함께 '칭찬 놀이'를 하면서 느꼈던 생각을 칭찬과 함께 적어 주세요.

엄마,

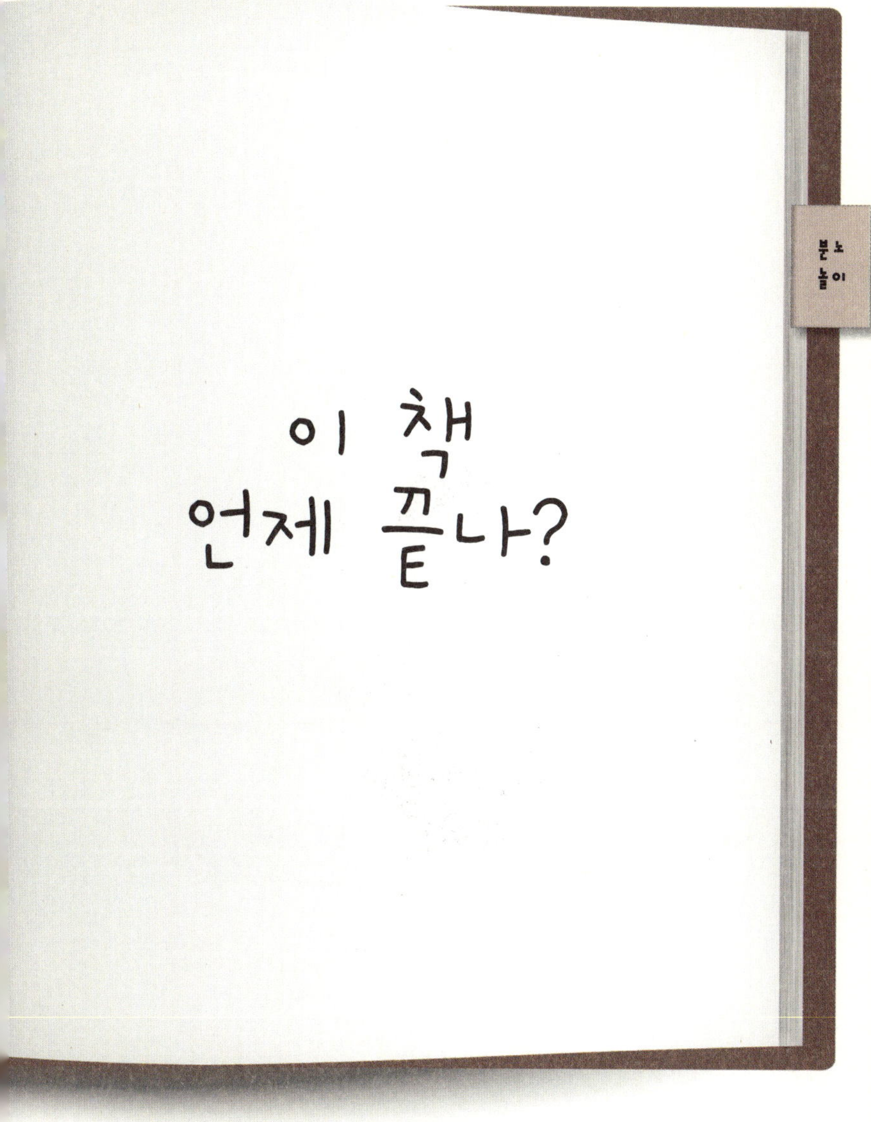
노이
북놀
이 책
언제 끝나?

분노 놀이

언제나 맑고 순수할 것만 같은 내 아이의 마음속에 '분노'라는 못난 씨앗이 자라고 있다고 쉽게 상상할 수 있을까? 분노의 감정은 물과 같다. 분노를 억누르지 않고 자연스럽게 표현한다면 강물처럼 흘러가지만 제대로 풀지 못하면 고여 있는 물처럼 점점 썩어 간다.

감정을 터놓는 친구 되기

"엄마, 이 책 언제 끝나?"

준서는 책 읽는 시간을 싫어한다. 아니, 책을 싫어한다. 지금 준서가 손에 들고 있는 책은 특별히 신경 써서 고른 책이었다. 매일 동물로 도배된 책을 읽는 것보다 이야기가 담겨 있는 책을 읽는 것이 좋겠다는 생각에 동네에서 책이 많기로 소문난 집에 찾아갔었다.

준서가 읽는 책을 보여 주었더니, 그 집 엄마가 이런 말을 하는 것이 아닌가!

"이대로 가다가는 아이가 다른 아이에게 뒤처지고 평범한 아이가 돼서, 평생 남의 뒤치다꺼리만 할 수 있어요!"

무시무시한 말이었다. 그리고 '아이가 좋아하든 싫어하든 무조건 읽히면 도움이 된다.'며 마음을 독하게 먹으라고도 충고했다. 나는 덜컥 겁이

나서 얼른 어린이 문학 전집을 사서 읽히기 시작했다. 그 후로부터 책 읽는 시간이 되면 준서와 싸우는 일이 잦아졌다. 아이가 즐기지 않는다는 것은 알고 있었지만, 그때마다 책값 생각도 나고 주변의 충고도 생각나서 억지로 읽게 했다. 그러다가 결국 사달이 나고 말았다.

"나 책 읽는 거 싫어!"
"알았어. 그럼 이 책들 말고 준서가 좋아하는 책 읽자."

"그림책도 싫어! 다 싫어!"

준서의 반응에 놀라 책 읽는 것을 중단했고, 며칠 뒤 다시 책을 읽자고 하자 더욱 거칠게 반항했다. 당분간 책 읽는 것을 포기해야 할 것 같아 가슴이 답답했다.

처음 준서와 준서 엄마를 만났을 때 적잖은 충격을 받았다. 책을 향한 준서의 분노는 책을 던지거나 소리를 지르는 행동으로 나타날 만큼 심각했고, 이를 지켜보는 준서 엄마는 무척 혼란스러워했기 때문이다. 그러나 이런 상황은 비단 준서 가족에게만 일어나는 특수한 경우가 아니었다. 책이라는 매개체를 걷어내고 보면 모든 가정에서 매일 반복되는 일이기도 하다. 그러나 준서 엄마는 자신이 준서를 제대로 키우고 있는 것인지 의심스럽다고 말할 만큼 자신감이 떨어진 상태였다. 세상에는 다양한 분야의 전문가가 있다. 그러나 내 아이에 대해서는 엄마와 아빠를 능가하는 전문가는 없다. 주변의 말에 휘둘릴 필요도 없고 내가 부족하다는 자책을 할 필요도 없다. 준서 엄마는 먼저 자신감을 되찾아야 했고, 이를 위해서 추천한 것이 분노 놀이었다.

"준서는 이 책이 얼마만큼 싫어?"

"몰라!"

"바다만큼 싫어? 산만큼 싫어? 하늘만큼 싫어?"

"음, 하늘만큼 싫어!"

"왜 그렇게 싫어하는지 말해 줄 수 있어?"

"고래도 없고, 곰도 없고, 공룡도 없잖아.
심심하고 재미도 없고 갑자기 읽으라고 하니까
그렇지!"

짐작은 했지만 준서의 입을 통해서 직접 들으니 마음에 더욱 와 닿았다. 준서의 생각을 존중하자고 몇 번씩 마음을 다잡고는 했지만 '다섯 살 아이가 읽기에 좋은 책'이라는 글이나 신문기사를 보면 귀가 솔깃해지고 꼭 읽어 줬으면 하는 욕심을 누그러뜨리기 어려웠기 때문이다. 고래가 나온 책을 유난히 좋아해서 고래가 외롭지 않게 다른 동물 그림책을 사 달라고 했던 준서의 순수한 마음을 왜 모른척했을까?

분노 놀이와 표정 놀이를 진행할 때마다 몇 번씩 실감하는 것이 있다. 감정 앞에서는 부모와 아이가 모두 비슷하다는 것이다. 아이의 감정이라고 해서 덜 성숙하다는 편견을 가져서는 안 되고 부모의 감정이라고 해서 반드시 성숙하다고도 볼 수 없다. 분노를 비롯한 여러 감정 앞에서는 아이나 어른이나 모두 같은

출발선에 놓여 있다. 아이의 감정이라고 해서 쉽게 해결할 수 있으리라는 생각은 편견이다. 따라서 아이의 감정을 객관적으로 분석하고 이해하려는 태도가 필요하다.

화를 다스리기 어려울 때 잠시 행동을 멈추고 근본적인 원인이 무엇인지 냉정하게 분석하는 것처럼 아이에게도 자신의 감정을 분석할 기회를 주어야 한다. 아이에게 자신이 얼마만큼 화가 났는지 말할 기회를 주고 원인을 스스로 찾게 하는 것은 그 자체로 화를 다스리는 효과가 있다. 부모도 마찬가지다. 실제로 준서 엄마는 분노 놀이를 하면서 자신의 모순을 발견할 수 있었다. 말로는 아이가 행복했으면 좋겠다고 했지만 결국 아이가 똑똑했으면 좋겠다고 생각했고, 책 자체를 즐기기를 바란다고 말했지만 실제로는 책을 통해 지식을 습득하기를 바랐다. 이런 모순적인 마음이 준서를 화나게 한 이유가 아니었을까?

준서에게

준서야, 안녕. 얼마 전에 책 때문에
엄마랑 싸웠을 때 많이 속상했지?
엄마가 미안해. 엄마는 욕심 많은 엄마인가 봐.
엄마 욕심 때문에 준서한테 피해를 준 것 같아서
속상해. 엄마도 어릴 때에는 책 읽는 것보다
친구들하고 재미있게 노는 게 좋았어.
중학생이 돼서야 책이 재미있다는 걸 알았는데
이제 겨우 5살인 준서한테 엄마가 왜 그랬을까?
나중에 준서가 엄마를 원망하면

어쩌나 겁도 덜컥 나.

준서는 고래를 참 좋아하지.

그래서 고래가 요만큼이라도 나오는 그림책은 다 샀던 것 같아. 고래만 있으니까 외로울까 봐 엄마가 다른 동물 친구들이 나온 책을 사 왔을 때 재미있게 읽어 줘서 좋았어. 특히 북극곰을 좋아했지. 요즘은 공룡에 빠져 있고. 덕분에 엄마도 공룡이 좋아졌어.

이렇게 준서에게 편지를 쓰니 마음이 편해진다.

준서랑 같이 책보고 놀이터에서

놀 때는 참 좋은데 가끔 다른 엄마들의

이야기를 들으면 너무 불안해.

하지만 이제는 준서의 생각을 더 중요하게

생각할게. 엄마가 아니라면 준서가 고래와

공룡이랑 친구가 된 걸 누가 알겠니?

우리 더 멋지게 살아 보자.

엄마가 소개한 책이 마음에 들면 환하게 웃어 줘.

세상에 하나밖에 없는 내 아들 준서, 사랑해!

분노 놀이,

이렇게 해 보세요.

1. 아이에게 가장 싫어하는 책을 고르게 하고 분노의 크기를 구체적으로 말하도록 한다.
2. 아이가 그 책을 고른 이유와 책을 읽었던 상황을 육하원칙에 따라서 말할 수 있게 이끌어 준다.
3. 아이가 원치 않는 책을 읽게 했다면 이유를 해명하자. 말로하기 어렵다면 편지를 써도 좋다.
4. 아이와 함께 책에 대한 판결문을 만들어 본다.

분노 놀이는 책에 대한 거부감이 있는 아이를 위한 책 놀이다. 책을 싫어하는 아이에게 읽고 싶은 책을 고르라고 한다면 시간도 오래 걸리고 아이에게도 괴로운 일이지만, 가장 싫어하는 책을 고르라고 하면 아이는 순순히 그리고 쉽게 책을 고른다. 이렇게 책을 싫어하는 아이가 손에 책을 쥐게 하는 것이 분노 놀이의 시작이고, 그 책을 고른 이유를 파헤치면서 놀이가 진행된다. 이 놀이를 통해 부모는 아이가 책을 거부하는 원인을 발견하면서 책에 대한 분노를 풀어 주는 것은 물론이고 아이의 분노와 감정을 깊이 있게 살펴볼 기회를 얻게 된다.

책에 대한 분노와 거부감은 그 외피를 벗기고 나면 부모에 대한 불만이 자리하고 있음을 알 수 있다. 바꿔 말하면 자신을 불편하게 하는 이 상황이 왜 반복되는지에 대한 설명을 듣고 싶어하는 것이다. 따라서 엄마와 아빠도 책을 일방적으로 강요하는 것이 아니라

권유하는 방법을 택해야 하고, 아이에게도 자신이 왜 거부하는가에 대한 정당성을 설명할 공간을 마련해 주어야 한다. 부모가 흔히 하는 실수가 아이의 문제를 주변의 증언과 외부에서 찾은 사례로 해결하려는 것이다. 주위에서 들리는 이야기에 마음이 흔들리는 것은 어쩔 수 없는 일이지만 해답은 언제나 내부에 있다.

기분이 좋을 때는 꽉 막혔던 일이 술술 풀리고, 반대로 기분이 좋지 않으면 늘 하던 일이라도 실수가 잦고 꼬여가기만 한다. 이처럼 사람의 감정은 모든 것에 연결되어 영향을 미친다. 아이는 물론 어른도 자신의 감정을 통제하는 것은 어려운 일이다. 무의식 중에 화가 나고 스트레스를 받는 상황을 맞이 했을 때 억제하거나 감추는 것이 미덕이라고 생각하는 경향도 감정을 다스리는 데 걸림돌이 된다. 분노와 같은 부정적인 감정이 아이 안에 싹트지 않게 만들어 주는 것이 최고의 방법이겠지만 그것은 현실적으로 불가능하다. 따라서 부정적인 감정이 누적되기 전에 제대로 해결하는 방법을 아이와 부모 모두 알아야 한다.

평소에 아이를 관찰하면서 다양한 상황 속에서 아이가 취하는 행동이나 표정을 주의 깊게 살펴보자. 기분이 좋을 때마다 하는 행동, 기분이 나쁠 때마다 하는 말투를 잘 관찰하고 기억해 둔다면 아이의 내면에 분노가 쌓이는 일을 사전에 예방할 수 있다. 그러나 부모가 아이를 지속적으로 관찰하기 어렵다. 부모가 처한 현실은 아이와 눈을 맞추고 감정의 끈을 유지하도록 내버려 두지 않기 때문이다. 한번 놓친 감정의 끈을 다시 잇기 위해서는 마치 방학 숙제가 밀린 아이처럼 쫓기는 마음이 될 수밖에 없다. 밀린 숙제를 해결하는 방법에는 묘수가 없다. 그저, 더는 미루지 않고 성실하게 하나씩 해결해 나가는 수밖에는.

분노 놀이,

이것만은 주의하세요!

분노 놀이는 엄마와 아빠의 부담감이 가장 큰 놀이다. 일단 분노 놀이를 시도하는 것 자체가 엄마와 아빠의 실수를 인정해야 하는 것이고, 분노 놀이가 진행될수록 감정 소모가 유난히 크기 때문이다. 아이의 분노를 직접 목격하고, 아이의 분노를 통해서 자신의 실수를 적나라하게 마주하는 것은 매우 가슴 아픈 일이다. 감정 표현에 익숙하지 않은 엄마와 아빠에게는 더욱 그렇다. 책 놀이를 진행할 때는 물론이고 다른 활동을 할 때에도 엄마와 아빠가 취하는 행동의 기저에는 '아이에게 무언가를 가르치고 전달해야 한다.'는 생각이 있다. 하지만 감정이라는 것은 가르치고 학습할 수 있는 것이 아니다. 감정은 상대방에게 이심전심으로 닿을 수 있게 하는 것으로 충분하다.

분노 놀이를 할 때에는 '자녀와 친구가 되는 연습'을 한다는 마음으로 접근하면 좋겠다. 배우자가 인생의 첫 번째 동반자라면 아이는 인생의 두 번째 동반자다. 아이는 태어나는 순간부터 부모가 세상을 떠날 때까지 평생을 곁에서 지키는 사람이다. 일정 시기가 지나면 부모와 자녀는 친구 같은 존재가 되어야 하는데 그 순간을 조금 앞당길 수 있다면 아이는 물론 엄마와 아빠에게도 좋은 기회가 될 것이다. 좋은 친구란 감정을 숨기지 않고 터놓을 수 있는 아름다운 관계다. 분노 놀이를 통해 자녀와 부모가 친구가 되는 날을 조금씩 앞당길 수 있다면 좋겠다.

분노 놀이,

이 책을 추천합니다

들키고 싶은 비밀

황선미(지은이) | 김유대(그림) | 창비

분노 놀이는 아이가 책장에서 자신이 가장 싫어하는 책을 고르는 것으로 시작되는 놀이이기 때문에 책을 추천한다는 것은 어려운 일이다. 『들키고 싶은 비밀』은 분노 놀이를 위한 추천 도서가 아니라 분노 놀이를 앞둔 부모가 읽었으면 하는 책 중의 하나다. 책 속에는 도벽이 있는 어린이가 등장한다. 책의 내용을 가만히 살펴보면 아이들이 도벽이 생기게 된 계기가 등장하는데 그 계기를 둘러싼 아이의 심리와 부모가 제공한 원인이 심도 있게 묘사된다. 아이가 자신의 생각을 제대로 표현할 수 있는 환경을 갖는 것이 얼마나 중요한지를 보여주는 책으로 분노 놀이의 과정을 책에서도 찾을 수 있다. 이 책을 읽으면 분노 놀이의 중요성과 방법을 알 수 있을 것이다.

4. 분노 놀이

(　　　)를 괴롭혔던 책	괴로웠던 이유	벌칙
예) 백과사전	예) 글자가 너무 많고, 지루하고 어렵다.	예) 신발장에 일주일 동안 두기

엄마, 아빠의 위로

예) 책을 억지로 읽게 해서 미안해. 앞으로는 재미있는 책을 많이 읽게 해줄게.

판결문 쓰기

예) 백과사전은 3월부터 계속 책 읽는 시간을 재미없게 만들고, 엄마와 아빠를 원망하게 만들었기 때문에 우리 가족을 모두 괴롭혔다. 책을 버리는 대신 일주일 동안 책꽂이가 아닌 신발장에서 반성하는 벌을 내리겠다.

책에게 내리는 벌칙이 지나치지 않다면 아이가 실제로 할 수 있도록 합니다.

Chapter 3

성취감을 맛보게 해 주는 책놀이

목표는 사람의 능력을 끌어올리는 훌륭한 동력이다.
하지만 목표에 지나치게 집중하다보면 정말로
소중한 것을 놓치게 한다.

책 놀이는 목표에 집중하는 방법이 아니라 목표를
향해 달려가는 방법과 체력을 길러 주어 오랜
인생의 여정에서 책이라는 동반자를 곁에 두게
하는 놀이다.

가장
재미있었던 책은
뭐야?

다 똑같아!

글자 줄이기 놀이

하나의 이야기를 짧게 요약하는 것은 쉬운 일이 아니다. 같은 이야기를 반복해서 읽어야 하는 인내심도 필요하고 무엇이 중요한지 골라내는 안목도 있어야 하기 때문이다. 요약을 제대로 할 수 있다는 것은 학습능력이 높다는 것을 의미하기도 한다. 아이가 스스로 공부하는 것을 즐길 수 있도록 글자 줄이기 놀이를 시도해 보자.

많이 읽기와
깊이 읽기의 차이

준호는 언제나 새 책을 찾는다.

한 번 본 책은 다시 읽으려 하지 않는다.

무작정 많이 읽는 것이 좋은 태도는 아니라고 타이르면서도, 장난감도 아니고 책을 사 달라고 조르는 것이 뭐가 문제가 될까 싶어서 즐거운 마음으로 서점에 가곤 했다. 평일에는 회사를 핑계로 함께 시간을 보내지 못하는 것에 대한 미안함을 책을 사 주는 것으로 대신하려는 마음도 있었던 것 같다. 출판사에서 선정하는 추천도서를 바탕으로 과학과 사회, 문학과 만화책까지 골고루 사 주었다. 하지만 시간이 지날수록 준호에게 새 책을 넣어 주는 것이 힘들었다.

책값도 책값이지만 어떤 책을 골라 주어야 할지 알 수 없기 때문이다.

믿고 구매했던 출판사의 추천도서 중 이해할 수 없는 책이 종종 끼어 있어 혼란스러웠고,

언제나 새로운 책을 원하는 준호의 욕심도 점점 더 부담스러워진다.

책 놀이를 준비하는 엄마와 아빠에게 이런 질문을 던질 때가 있다. "최근에 아이가 읽은 책의 제목을 3개 이상 말해 보세요!" 이 질문에 주저하지 않고 답하는 엄마와 아빠는 책 놀이를 위한 준비 운동을 마친 상태다. 이제 책 놀이라는 날개를 달고 신 나게 책을 정복하는 일만 남은 것이다. 준호 아빠도 책 놀이를 시작하기 전에 준비 운동을 완벽하게 마친 만점 아빠였다. 아이에게 읽힐 책을 먼저 읽어 보는 것은 물론이고, 바쁜 사회생활 속에서도 책에 관련된 정보를 꾸준히 수집하는 것을 게을리하지 않았기 때문이다. 무엇보다 준호 아빠가 만점 아빠였던 이유는 책을 대하는 준호의 습관을 제대로 관찰하고 있었다는 점이다. 책을 빨리 읽는다는 것, 새 책만 읽는다는 것 등 준호의 장점과 단점을 파악하고 있어서 준호에게 필요한 것이 무엇인지 찾아내는 수고를 덜 수 있었다.

아내와 상의한 끝에 도서관을 준호의 놀이터로 만들어 주기로 했다. 도서관에 있는 책은 사서 선생님이 선별한 것이니 믿을만하다는 생각도 들었고, 조용한 분위기에서 준호가 어떻게 행동하는지도 알고 싶었다. 스스로 책을 골라 본 적이 없는 준호에게 직접 서가에서 책을 고르게 하는 것도 좋은 경험이 될 듯했다. 도서관에 도착한 준호는 물 만난 고기처럼 신 나게 책을 골랐다. 무려 9권을 기세 좋게 빌린 준호는 방바닥에 배를 딱 붙이고 책을 읽었다.

도서관을 이용하니 좋은 점이 있었다.
준호가 어떤 책을 읽고 있는지 대출기록을 통해
확인할 수 있어 관심사의 흐름을 알 수 있었다.
오늘도 책을 잔뜩 빌린 준호의 대출기록을 찬찬히
확인해 보면서 몇 가지 문제점을 발견했다.
그림책만 골라서 읽고 있었고,
책을 고른다기보다는 책장 한 칸에
있는 책을 통째로 집으로
옮겨 오는 것일 뿐이라는 것을
알게 된 것이다.

"준호야, 준호는 어떤 책이 좋아?"

"재미있는 책이 좋아."

"어떤 책이 재미있는데?"

"그냥 재미있는 책."

"그럼 가장 재미있었던 책은 뭐야?"

"다 똑같아!"

준호는 책을 읽고 감상하는 것이 아니라

책장 넘기기에 중독된 것은 아닐까?

준호의 독서 습관을 고쳐줄 때가 된 것 같았다.

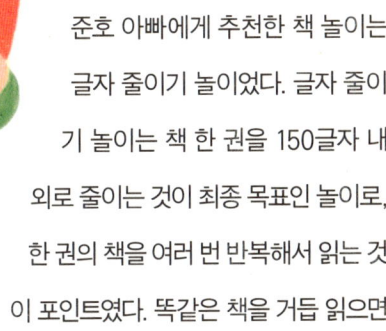

준호 아빠에게 추천한 책 놀이는 글자 줄이기 놀이었다. 글자 줄이기 놀이는 책 한 권을 150글자 내외로 줄이는 것이 최종 목표인 놀이로, 한 권의 책을 여러 번 반복해서 읽는 것이 포인트였다. 똑같은 책을 거듭 읽으면서 단순히 책장을 넘기는 것에 급급했던 아이가 차분하게 한 권의 책이 주는 감동을 온전히 느낄 수 있도록 하는 데 가장 적합한 놀이였기 때문이다. 또한, 책을 무조건 많이 읽는 것을 통해 성취감을 느끼는 아이의 방향성을 틀어주는 데에도 안성맞춤이었다.

"준호야, 『지각대장 존』 읽었지?"

"응, 읽었어!"

"준호야, 줄거리를 말해 볼래?"

준호는 예상대로 도입부만 조금 말하다가 얼버무렸다. 방법을 바꿔 보기로 했다.

"준호야, 그럼 기억나는 단어만 말해 봐!"

"음, 존이랑 학교, 악어, 사자, 고릴라!"

"왜? 악어랑 사자랑 고릴라가 기억나니?"

"악어랑 사자, 고릴라 때문에 존이 학교에 늦었어. 그래서 존이 야단맞았단 말이야!"

"아빠도 생각났어! 처음에는 악어, 그다음은 사자가 괴롭혔지. 근데 또 뭐가 있었던 것 같은데?"

"맞다! 홍수도 났어!"

"존이 길에서 잃어버린 것도 있었는데, 기억나니?"

"장갑을 악어에게 던졌어. 그리고 사자한테 물려서 바지도 찢어졌어."

존에게 일어난 일을 차근차근 말해 주었더니 준호는 자신도 모르게 책의 줄거리를 술술 이야기했다. 준호랑 이야기를 나누면서 틈틈이 메모도 하고, 전부 녹음하기도 했다. 나중에 준호에게 메모한 것을 보여 주고, 녹음한 것도 들려주니 무척 재미있어했다. 시키지 않아도 알아서 책을 찾아서 홍수가 났던 부분을 다시 읽기도 했다. 한 번 본 책은 쳐다보지도 않았던 순호가 변한 것이다.

준호는 책 욕심이 유달리 많은 아이였다. 욕심이 많은 아이는 대부분 승부욕도 강한 편이다. 이 승부욕을 올바른 곳에 쏟아 부을 수 있도록 이끌어 주는 것이 필요하다. 준호는 대화한 내용을 녹음해서 들려주자 '이것보다는 더 잘할 수 있다.'며 의지를 불태웠다고 한다. 하지만 잘하겠다는 욕심이 너무 앞서서 도입부를 지나치게 자세히 말하다 제풀에 꺾여서 흥미를 잃곤 했다. 이때 머릿속에 남은 단어를 말하게 하고 그 단어를 둘러싼 이야기를 조금씩 끌어내면서 책을 재구성하고 요약하는 법을 자연스레 익힐 수 있었다.

글자 줄이기 놀이,
이렇게 해 보세요.

1. 책을 읽고 난 후, 기억에 남는 단어를 말한다.
2. 책을 10페이지 혹은 20페이지씩 나눠서 앞서 말한 단어를 찾아본다. 색연필을 사용해서 단어별로 구분을 주어도 좋다.
3. 단어를 책의 순서대로 나열하면서 전체 이야기를 연결해 나가도록 돕는다.
4. 이야기를 150글자까지 줄여나갈 수 있도록 옆에서 위의 과정을 반복한다. 글로 쓰는 것을 어려워한다면 녹음기를 사용하고, 함께 들으면서 손가락으로 글자 수를 세어 보자.

언제나 새 책을 찾는 것은 많은 아이들의 공통점이다. 아이들은 한 번 접한 책을 다시 보는 것을 지루해하기 때문이다. 미취학 아동은 그림책이나 동화책을 보면서 책을 읽는 습관을 길러 주는 것에 초점을 맞추는 것이 좋다. 그러나 초등학교에 입학해 본격적으로 학업을 시작하는 아이가 같은 책을 반복해서 읽고 요약하는 습관이 갖춰 있지 않다면 학습능력에도 영향을 미칠 수 있다는 것을 기억해야 한다.

요약은 무엇보다 반복해서 읽는 것이 중요하다. 하지만 한 권의 책을 반복해서 읽는 것은 어른에게도 지루한 일이므로 아이의 흥미를 잡아 두기 위해서는 끊임없이 질문을 던져야 한다. 훌륭한 질문은 그 자체로도 훌륭한 요약이 될 수 있다. 그렇다고 무턱대고 "책에 대한 너의 생각을 말해 봐.", "책을 처음부터 끝까지 요약해 봐." 라고 직접적인 질문을 던진다면 제대로된 요약을 끌어낼 수 없다. 요약해야 하는 책은 한 권이지만 그 안에는 숨어 있는 다양한 재미를 아이가 자연스럽게 찾을 수 있도록 질문을 구성해야 한다. 이때 노골적으로 요약을 위한 질문은 피하는 것이 좋다. 책을 다시 읽어야만 확인할 수 있는 질문과 책에서는 답을 찾을 수 없는 질문을 적절히 섞어 가며 완급을 조절해야 한다.

글자 줄이기 놀이를 포함한 모든 책 놀이의 공통점은 정답이 없다는 것이다. 책은 한 권이지만 그 책을 읽는 사람은 헤아릴 수 없을 만큼 많다. 그 많은 사람이 모두 한 가지 방법으로 요약하는 것은 불가능한 일이다. 아이가 만들어낸 요약이 미덥지 못하더라도 더 좋은 요약을 끌어내기 위해 고민할 필요는 없다. 대신 여러 가지 요약의 방법을 알려 주자.

"그림을 중심으로 요약해 볼까?", "주인공 동생의 기분을 정리해 보자!", "책 속에 나오는 날씨는 어떻게 바뀌었지?" 등등. 책 속에 등장하는 다양한 소재를 활용하면서 책 속에 숨겨진 재미를 아이와 함께 보물찾기하듯 발견해 보자.

글자 줄이기 놀이, 이것만은 주의하세요!

글자 줄이기 놀이는 엄마와 아빠가 가장 많이 욕심을 내는 책 놀이다. 글자 줄이기 놀이를 하면서 자연스럽게 습득하게 되는 요약 능력이 얼마나 중요한지 알고 있기 때문이다. 하지만 글자 줄이기 놀이는 엄마와 아빠의 욕심만큼 어려운 놀이다. 아이가 힘들어 하는 것은 물론이고 한 권의 책을 반복해서 읽는 것을 지루해하기 때문에 감정적인 충돌도 생길 수 있다. 실제로 책 놀이 프로그램을 진행하면서 가장 많은 낙오자가 생긴 놀이도 바로 글자 줄이기 놀이였다. '유난히 글자 줄이기 놀이에서 포기하는 가족이 많은 이유가 무엇일까?' 이 궁금증을 해결하기 위해 글자 줄이기 놀이를 포기한 가족의 이야기를 들어 보았다.

앞서 말한 것처럼 글자 줄이기 놀이는 반복 읽기가 관건이다. 글자 줄이기 놀이가 실패하는 가장 큰 원인은 반복 읽기라는 뜀틀을 넘지 못했기 때문이었는데, 더 깊숙이 문제를 파고들자 원인 제공자는 바로 엄마와 아빠라는 결론을 내리게 되었다. 아이가 책에서 흥미를 잃기 전에 엄마와 아빠가 먼저 책에 대한 흥미를 잃었던 것이다. 엄마와 아빠가 볼 때 아이가 읽는 책은 아무래도 심심할 수밖에 없다. 자신도 모르게 다른 책으로 손이 가게 되는데 아이는 그 모습을 보고 함께 책을 읽는다는 즐거움을 놓쳐 버리는 것은 물론, 자신만 한 가지 책을 보아야 하는 것을 부당하다고 느낀다. 글자 줄이기 놀이를 하는 동안에는 엄마와 아빠도 지루함을 견디고 한 권의 책에 집중해야 한다. 아이는 엄마와 아빠의 생각 이상으로 민감하다. 엄마와 아빠가 책을 읽고 있는 척을 하는지 진심으로 읽고 있는지 귀신처럼 알아차린다.

글자 줄이기 놀이,

이 책을 추천합니다

지각대장 존

존 버닝햄(지은이) | 박상희(옮긴이) | 비룡소

아이와 대화할 때 어른이 어떤 태도를 보여야 하는지 보여 주는 그림책이다. 항상 화가 난 표정의 선생님, 의기소침해 있는 아이가 등장하여 이야기를 끌고 가는데 주인공의 모습은 쉽게 몰입이 가능할 만큼 생생하게 재현되어 있다. 엄마와 아빠에게 『지각대장 존』은 반성문과 같은 책이고 아이에게 이 책은 변론문과 같다. 책을 다 읽고 나면 '지각대장'이 누구를 가리키는지 모호해지면서 깊은 울림을 준다.

5. 글자 줄이기 놀이

책 제목

책 줄거리 요약하기

예) 치킨 마스크는 할 줄 아는 게 없어. 친구들처럼 계산도 만들기도 운동도 못해서 속상했어. 자기가 한 것은 나쁘게만 보이고, 왜 태어났는지 모를 때가 많아. 노래 부를 때는 음정도 잘 못 맞아서 너무 싫었어. 어느 날 운동장 구석에 앉아 있다가 꽃에게 물을 주고 나무에 기대 앉아 쉴 때만 편안했어. 하루는 친구들의 마스크를 우연히 써보고 엄청난 힘을 알게 됐는데 그건 치킨 마스크가 원하던 게 아니었어. 치킨 마스크는 꽃과 나무들이 있는 운동장 구석으로 돌아가서 행복하게 지냈어. 끝.

원래 문장	줄인 문장
예) 치킨 마스크는 할 줄 아는 게 없어. 친구들처럼 계산도 만들기도 운동도 못해서 속상했어. 자기가 한 것은 나쁘게만 보이고, 왜 태어났는지 모를 때가 많아. 노래 부를 때는 음정도 잘 못 맞아서 너무 싫었어. (117)	예) 친구들은 저마다 계산이나 운동, 음악을 하나씩 잘하는데 치킨 마스크는 그런 게 하나도 없어서 속상하고 왜 태어났는지 원망스러울 때가 많아. (77) 두 문장을 하나의 문장으로 줄이는 방식으로 전체 내용을 요약해 보세요.

참 잘했어요!

아이와 함께 표정 놀이를 하면서 느꼈던 생각을 칭찬과 함께 적어주세요.

엄마,

왜 아무 말도 안 해?

100점 놀이

100점 놀이는 아이가 스스로 처음과 끝을 판단하고 자기 생각의 기준을 정리할 기회를 제공한다. 자신이 만족할 수 있을 때까지 멈추지 않는 것, 자신의 주장을 세우는 것, 이 모든 것이 100점 놀이를 통해 연습할 수 있는 것들이다.

수학 선생님 엄마처럼 수학을 잘하고 싶어!

학원을 마친 아름이를 데리고 집까지 걸어가고 있었다. 그날따라 학교에서 힘든 일이 많아서 나도 모르게 피곤한 기색이 비쳤나 보다. 아름이가 금방 눈치를 채고 조심조심 눈치를 살핀다.

"엄마가 오늘 힘든 일이 많아서 기운이 없어."

아름이는 내 말을 듣고 무슨 생각을 하는지 가만히

있다가 갑자기 키득키득 웃으며 말했다.

"그래도 엄마는 수학을 잘하잖아."

상황에 맞지 않는 뜬금없는 말이었지만 얼마 전 아름이와 함께 100점 놀이를 할 때 『수학 귀신의 집』을 골랐던 것이 기억이 났다.

"아름이는 똑똑하잖아. 엄마가 수학을 잘하는 건 엄마가 너보다 수학을 더 오래 공부해서 그런 것뿐이야."

아름이가 100점짜리 책으로 『수학 귀신의 집』을 골랐을 때 엄마가 수학 선생님이니까 그런가 보다 하고 넘겨 짚었다. 하지만 수학을 대하는 아름이의 감정은 내가 상상했던 것 이상이었다.
100점 놀이를 하면서 아름이가
『수학 귀신의 집』을 골랐던 이유를 물었더니
아름이는 이렇게 답했다.

"서점에서 내가 직접 고르기도 했고,
이 책을 읽으면 수학을 더 잘할 수 있다고
쓰여 있어. 나눗셈은 아직 잘 모르지만 자꾸
읽다 보니까 이제 할 수 있을 것 같아.
엄마, 나는 수학을 정말 더 잘하고 싶어."

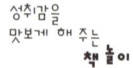

아름이는 엄마에 대한 애착이 강한 아이였다. 엄마를 유난히 따른다고는 생각했지만 100점 놀이를 진행해 보니 엄마처럼 되고 싶다는 동경의 감정까지 담겨 있음을 알 수 있었다. 아름이는 100점짜리 책으로 『수학 귀신의 집』을 고르고, 90점짜리 책으로는 『개념씨 수학나무』 시리즈를 골랐었다. 그 이유는 모두 '수학을 더 잘하고 싶다.'는 것이었는데, 이를 통해 아름이에게 수학은 단순히 학교 과목 중 하나가 아니라 엄마와 닮고 싶다는 마음의 표현이고, 그만큼 엄마의 관심을 받고 싶다는 욕심임을 알 수 있었다.

엄마를 좋아하는 것이 문제가 될 것은 없지만 한 가지 걱정이 되는 것이 있었다. 수학에 지나치게 집착해 시험 결과가 좋지 못하면 좌절하거나 예민해지는 경향이 조금씩 보였기 때문이다. 아름이가 수학에 너무 집착하지 않도록 다른 관심사를 심어 주고 어린 시절 수학과 관련된 이야기를 들려주는 것이 좋겠다고 권했다.

책 놀이 선생님이 엄마에 대한 아름이의 동경이 수학에 대한 집착으로 나타나는 것 같다는 말을 했을 때 나의 어린 시절이 떠올랐다.

아버지께서도 초등학교 수학 교사로 재직하셨기 때문이다. 나 역시 어린 시절 아버지에게 칭찬을 받고 싶어서 수학 공부를 열심히 했던 것이 생각났다. 하지만 노력에 비해 점수는 늘 만족스럽지 못했다. 시험지를 들고 몰래 울기도 했는데 그때 아버지가 '수학일기'를 써 보라면서 일기장을 하나 선물로 주셨다. 어려운 문제가

있으면 수학일기에 써서 보여 달라고 하셨고,
주말이면 틈틈이 일기장을 보시고 풀이법을
정리해 주셨다. 이렇게 소중한 기억을 까맣게 잊고
살았다니! 어린 시절 내가 아버지에게 느꼈던
감정을 아름이가 고스란히 품고 있었다는 것을
알고 나니 왈칵 눈물이 쏟아졌다.
아버지가 그러셨던 것처럼 나도 아름이에게
수학일기를 선물해야겠다.

수학을 사랑하는 아름아, 안녕?
수학 공부를 잘하고 싶은데 뜻대로
잘되지 않아 속상하지?
엄마도 어릴 적에 수학을 못해서 울기도 했고,
벌을 받기도 했어. 엄마가 속상해하면
할아버지가 괜찮다고 위로해 주셨어.
할아버지는 엄마한테 수학일기를 선물해
주셨단다. 할아버지는 '수학은 숫자로 말하는
친구고, 마음도 따뜻해.'라고 말씀을 해 주셨지.
수학을 어렵게 생각하기보다는 친해지고 싶은

친구라고 생각해 보면 어떨까?

엄마도 아름이에게 수학일기를 선물할게.

아름이가 엄마를 많이 사랑해 줘서 고마워.

사랑해!

내가 낳은 아이지만 정말 속을 모르겠다

내가 낳은 아이지만 정말 속을 모르겠다. 『맹꽁이 서당』을 20번도 넘게 읽었으면서 민수는 30점을 주었다.

"민수야, 너 『맹꽁이 서당』 좋아하는 거 아니었어?"

"싫어하는 건 아니야, 하지만 그림이 예쁘지 않고, 연결이 잘 안 되는 것 같아."

민수에게 나름의 기준은 있구나 하는 생각이 들었지만 나의 취향은 물론, 예상과 자꾸만 엇나가는 것이 마음에 걸렸다. 민수에게 내가 100점으로 고른 책을 보여 주었더니 민수는 볼펜으로 찍찍 줄을 그으면서 푸념을 한다.

"『강아지똥』한테 왜 100점을 주는 거야?
난 이거 별로야! 『종이밥』은 또 왜 100점이야?
난 슬퍼서 재미없어!"

내가 높은 점수를 준 책은 다 마음에 안 드는 모양이다. 툴툴거리더니 일어나서 자기 방으로 쏙 들어갔다. 나름대로 민수의 눈높이를 맞추려고 고민을 거듭해서 선정한 책들인데 민수의 반응을 보니 섭섭한 마음이 든다.

민수와 엄마는 100점 놀이를 하면서 생각의 차이가 너무나 크다는 것을 반복해서 확인하고 있었다. 민수의 선택은 언제나 엄마의 예상을 빗나갔고 엄마의 선택은 민수의 기대에 늘 미치지 못했다. 엄마는 민수가 늘 엄마가 고른 책을 거절하는 것이 마치 엄마 자체를 거부하는 것 같다며 속상한 마음을 털어놓았다. 책 놀이를 진행하는 가정이 모두 행복한 경험만 할 수 있다면 좋겠지만 민수 가족의 사례처럼 때로는 갈등을 만들어 낼 수 있다는 것을 확인하는 순간이었다.

아무리 부모와 자식 간이라고 해도 마음을 울리는 커뮤니케이션을 위해서는 진통이 필요하다. 책 놀이를 경험하면서 생기는 갈등은 앞으로 아이가 자라면서 만나게 될 수많은 갈등에 비하면 아주 사소한 것이다. 신문 지면에 심심치 않게 오르내리는 집단 따돌림, 학교 폭력 등등 앞으로 아이가 넘어야 할 문턱은 무수히 많고 점점 더 높아진다. 이 작은 문턱을 넘지 못하면 앞으로 찾아오는 갈등 앞에서 아이와 부모는 속수무책으로 무너질 수밖에 없다. 비 온 뒤에 땅이 굳는 것처럼, 한바탕 진통을 겪고 나면 새롭게 시작할 수 있는 체력이 길러진다.

"민수야, 엄마랑 100점 놀이하자!"

"저번에 했잖아?"

"엄마 소원인데? 이번에는 엄마가 할 거야.
민수는 듣기만 해."

이렇게 말하면서 『종이밥』을 살짝 꺼냈다. 민수는 재미없는 책이라며 안 하겠다고 고집을 피웠지만 엄마의 소원이라니 마지못해 자리에 앉았다. 이렇게까지 하면서 100점 놀이를 이어가야 하는지 고민이 되었지만 마음을 다잡았다.

"엄마가 『종이밥』에서 가장 좋아하는 부분을
골라 볼게. 그걸 보고 민수가 점수를 매겨 주면
좋겠는데? 민수가 엄마를 채점하는 거야!"
"그럼, 100점짜리 하나만 고를 거야.
0점부터 100점까지 다 고르는 거 귀찮으니까."
"그래, 민수가 하고 싶은 대로 해."

민수의 얼굴은 여전히 불만으로 가득했지만

어쨌든 놀이를 시작했으니까 만족하기로 했다. 내가 페이지를 넘길 때마다 민수의 표정은 시시각각 바뀌었다. 어떤 페이지에서는 유난히 눈살을 찌푸렸는데 가만히 보니 슬픈 장면이 묘사되는 부근이었다. 어릴 때부터 민수는 슬픔이라는 감정을 견디지 못하는 것 같았다. 자장가를 부를 때 '섬집 아이'는 부르지 말라고 하거나 아빠가 출근할 때에는 너무나 서럽게 울어서 난감했던 적이 한두 번이 아니었다. 이렇게 민수의 어린 시절을 떠올리며 페이지를 넘기다가 한 장면이 눈에 들어왔다. 여동생을 절에 보내고 나서 오빠가 종이를 씹어 먹는 모습을 묘사한 그림이었다.

"엄마, 난 이 책이 싫어. 너무 슬프잖아."

이 그림은 나를 몇 번이나 울렸던 장면이기도 했다. 사실 나는 그리 풍족한 환경에서 자라지 못했다. 갖고 싶은 것, 먹고 싶은 것, 입고 싶은 것 중 대부분을 포기하면서 살아야 했다.

『종이밥』을 보면서 나의 어린 시절이 떠올라 감동했는데, 민수가 이 책을 거부해서 내심 섭섭했다. 민수도 이 책을 좋아해 주었으면 좋겠는데, 왜 그러지 않는 걸까?

"엄마, 왜 아무 말도 안 해?"

"엄마도 꼬마일 때, 『종이밥』에 나오는 오빠처럼 힘들었어. 민수는 몰랐지? 엄마도 동생이 없어졌으면 좋겠다고 생각했는데, 막상 동생이 친척 집에 간다고 하니까 너무 속상했었어.

민수도 동생이 밉지? 그래도 잘해 줘. 엄마처럼
나중에 후회하지 말고!"

"알았어. 태수가 미워도 귀엽기는 해.
엄마, 내가 100점 줄 게."

나는 민수를 꼭 안아 주었다. 민수는 말없이 내 품에 가만히 안겨 있었는데 아주 오랜만에 민수의 심장 소리를 들을 수 있었다. 아이를 가르치기 위해서 시작한 책 놀이였고, 100점 놀이였지만 오히려 내 안에 있던 응어리가 많이 풀어진 기분이었다.

섣부른 판단일지도 모르겠지만,

책 놀이를 통해 민수랑 앞으로 더 많은 추억을

쌓게 될 것이라는 확신이 들었다.

100점 놀이는 물론 다른 책 놀이 모두 그 방법이 한 번에 완성된 것은 없다. 책 놀이를 진행하면서 만난 다양한 가족들의 이야기를 듣고 관찰하면서 조금씩 진화했고, 현재의 형태를 갖추게 되었다. 지금의 놀이법도 완성된 것이라고 볼 수는 없다. 또한 각각의 책 놀이 규칙을 절대로 바꿔서는 안 된다는 불문율도 없다. 때로는 엄마와 아빠, 아이의 역할이 뒤바뀌면서 전혀 다른 결과를 가져오기도 한다. 민수의 엄마가 바로 여기에 해당한다. 엄마가 오히려 책 놀이의 효과를 체험하면서 아이를 통해 성장한 것이다.

100점 놀이,

이렇게 해 보세요.

1. 최근 한 달간 읽은 책을 한곳에 모아 본다.

2. 가장 좋아하는 책부터 100점을 주고 다른 책들도 점수를 매긴다. 점수의 차이는 아이의 선택에 따르지만 스스로 결정하는 것을 어려워한다면 10점 혹은 20점의 간격을 둔다.

3. 한 권의 책을 골라서 책 속의 인물 중 100점짜리 인물을 찾거나 100점짜리 문장을 골라 보게 한다.

4. 점수를 준 이유에 관해서 함께 이야기한다.

100점 놀이의 원래 이름은 '최고의 책'이었다. 어떤 책을 가장 좋아하는지 알고 싶어하는 엄마와 아빠의 궁금증을 풀어 주기 위해서 개발했지만 놀이의 이름 때문이었는지 아이들은 좀처럼 속마음을 보여 주지 않았다. 고민 끝에 100점이라는 단어를 빌려 왔다. 자연스럽게 시험이 연상되어 아이들이 거부감을 보이면 어쩌나 걱정했지만 예상은 빗나갔다. 점수를 일방적으로 통보받아야 하는 입장에서 직접 점수를 매길 수 있는 입장으로 바뀌자 아이들은 적극적으로 책 놀이에 임했고, 공정하게 점수를 주기 위해 신중하게 책을 고르면서 책 놀이에 몰입하는 경우가 많았다.

100점 놀이를 할 때는 철저히 아이에게 권한을 줄 것을 권한다. 스스로 책을 고르고 점수를 주는 기준을 정할 수 있게 지켜봐 주는 것이다. 어떤 놀이든 놀이의 규칙이 너무 복잡하거나 엄격하면 좀처럼 재미를 붙이기 쉽지 않다. 책 놀이도 마찬가지다. 일정한 양식이 있으니 규칙을 지키기 위해 애를 쓰는 것이 엄마와 아빠의 욕심이겠지만 욕심을 버리고, 놀이의 방식을 아이가 멋대로 바꾸더라도 응원해 주어야 한다. 형식을 스스로 깨버린다는 것은 아이가 그 놀이에 진지하게 몰두한다는 것을 의미한다. 기성복이 아니라 제 몸에 딱 맞춘 옷을 입었을 때 움직임이 자유로워지는 것처럼 아이는 자신에게 최적화된 방법을 만들어 스스로 책 놀이를 즐기려 하는 것이다.

실제로 초등학교에 다니는 자매를 키우는 엄마는 100점 놀이를 통해서 아이들이 책을 더 소중히 다루게 된 것 같다는 소식을 전해 왔다. 집에 있는 책을 1등부터 꼴찌까지 정리해서 다시 책꽂이에 꽂아 보자고 말했더니 아이들의 눈이 반짝였다고 한다. 자매는 몇 권의 책을 꺼내는가 싶더니 자리를 잡고 앉아 책을 읽기 시작했다. 당황한 엄마가 이유를 묻자 이 책이 정말 1등인지 확인하는 중이라는 대답이 돌아왔다고 한다. 집에 있는 책을 모두 꺼내서 거실이 엉망진창이 되기는 했지만 자매가 옥신각신 싸우며 등수를 정하는 모습이 사랑스러워서 한동안 지켜보았고, 시간이 꽤 흐른 지금까지도 자매는 등수를 정하기 위해 토론 중이라고 한다. 다른 책놀이를 시도할 필요성을 느끼지 못할 만큼 독서 태도가 좋아진 것이다.

100점 놀이,
이것만은 주의하세요!

100점 놀이를 하면 높은 점수를 받은 상위 5권의 책이 모두 음식에 관련된 책인 아이가 있었다. 알고 보니 그 아이는 맞벌이 부부의 자녀였는데 엄마가 해 주는 밥을 먹고 싶지만 실제로 그렇지 못하니까 음식 그림이 많이 나오는 책을 골랐다고 말했다. 아이의 엄마와 아빠는 회사 생활과 가정을 꾸리는 일을 병행하느라 평일에는 아이에게 소홀했던 것을 주말에 외식하거나 나들이를 가는 것으로 보상해 주고 있다고 믿었었다. 하지만 아이가 정말 원하는 것은 가족이 모두 식탁에 둘러앉아 엄마가 직접 만든 음식을 먹는 것이었다. 100점 놀이를 통해 가족의 주말 풍경은 사뭇 달라졌다고 한다. 부산스럽게 외출을 준비하기보다는 가족 모두 늦게까지 늦잠을 자고 일어나 함께 장을 보고 요리를 하며 느긋하게 보내는 것으로 말이다. 100점 놀이의 결과를 토대로 원인을 분석하지 않았다면 절대로 몰랐을 아이의 속마음이었다.

세상의 모든 현상에는 원인이 있고 그에 따른 결과가 따라온다. 아이가 100점 놀이를 통해 내놓은 결과물을 단순히 확인하는 것이 아니라 원인을 찾아보는 것은 책 놀이를 더욱 특별하게 하는 비법이다. 높은 점수를 받는 책들의 공통점은 무엇인지, 유난히 낮은 점수를 받는 책에는 어떤 특징이 있는지 대화를 통해서 발견해 주어야 한다. 책에 점수를 주고 순위를 정할 수 있는 능력을 갖춘 아이는 자신만의 가치관이 정립되고 있다는 증거다. 아이가 무엇을 최고의 가치로 생각하는지 무엇을 가장 나쁜 것으로 생각하는지를 100점 놀이를 통해 파악할 수 있을 것이다.

100점 놀이,

이 책을 추천합니다

종이밥

김중미(지은이) | 김환영(그림) | 낮은산

부모와 아이의 세대 차이와 정서 차이를 확인하게 해 주는 책을 고르라면 단연 『종이밥』이다. 이 책을 읽고 엄마와 아빠의 어린 시절을 들려주면 아이는 부모님에 대한 친밀함이 더욱 높아진다. 아이의 관심사는 언제나 엄마와 아빠다. 그러나 바쁘게 살아가는 엄마와 아빠는 일상생활 속에서 어린 시절을 추억할 기회가 거의 없다. 아이에게 책을 통해서 어린 시절을 간접적으로나마 들려준다면 책 놀이는 더욱 풍성해질 것이다.

6. 100점 놀이

100점 책	100점 이유
예)엄마 사용법	예)현수가 엄마를 지키고 사랑하는 게 감동이다.
80점 책	80점 이유
60점 책	60점 이유
40점 책	40점 이유
20점 책	20점 이유
0점 책	0점 이유

Chapter 4

집중력이 약한 아이를 위한 책놀이

책을 읽는 시간이 반드시 집중력과 비례하는 것은 아니니다. 짧은 시간을 앉아 있더라도 핵심에 집중할 줄 아는 아이가 오래도록 책을 곁에 두는 아이로 성장한다.

핵심을 꿰뚫어 보는 아이가 독서는 물론 모든 분야에서 성공할 수 있다. 부모가 해야 할 일은 핵심을 발견하는 안목을 길러 주는 것이다.

책 놀이를 통해 헤매지 않고 핵심을 향해 걸어갈 수 있는 나침반을 쥐어 주자.

엄마는

그것도 몰라?

빙고 놀이

책 한 권에는 작가가 수없이 고민하면서 선별한 단어가 빼곡히 담겨 있다. 이 단어를 정리하지 않고 그대로 넘겨 버린다면 아무것도 남지 않겠지만, 손으로 쓰고, 입으로 말하면서 아이의 머릿속에 머무르게 한다면 생각을 자라게 하는 좋은 거름이 될 것이다.

엄마,
제발 잔소리 좀
그만해!

"형우야, 책을 볼 때는 엄마가 어떻게 보라고 했지?"

"형우야, 아이스크림이 녹아서 책에 묻잖아!"

"형우야, 책 읽다 말고 어디 가니?"

형우와 함께 시간을 보내면 남편과 나는 잔소리가 끊이지 않는다. 형우와 책 한 권을 읽는 것은

보통 어려운 일이 아니기 때문이다.
책을 읽다가도 갑자기 노래를 부르고,
간식을 먹다가도 책을 보겠다며 떼를 쓴다.
고집도 보통이 아니어서 지금 하고 싶은 일을 못하게 하면 화를 내기 일쑤다. 책 한 권을 다 읽으려면 한 달은 잡아야 할 지경이다. 책 읽는 것을 포함해서 어떤 일도 한 가지를 진득하게 이어가지 못하는 형우가 점점 걱정된다.

한 가지에 집중하는 시간이 짧은 형우는 엄마와 아빠의 걱정거리였다. 책 한 권을 읽는 데 시간이 너무 오래 걸리다 보니 책을 읽어도 남는 것이 거의 없다는 것도 염려되는 부분이었다. 실제로 형우와 같은 아이들은 우리 주변에서 쉽게 만날 수 있다. 책은 물론이고 주변의 모든 것이 호기심 투성이고, 재미있는 것을 끊임없이 찾아서 직접 해 봐야 직성이 풀리는 아이들. 이런 아이들의 부모는 형우의 엄마, 아빠처럼 걱정과 한숨을 달고 산다.

심지어 우리 아이가 ADHD 주의력결핍 과잉행동장애 가 아닐까 의심하는 경우도 있다. 만약, 정말 ADHD라면 전문가의 도움을 받아야 하겠지만 대부분의 아이들은 책 속에서 재미를 발견하지 못해 집중력을 분산시키는 경우에 속한다. 아이가 낱말로 가득 차 있는 책 속에서 스스로 재미를 찾아 독서를 즐긴다면 부모로서는 더 바랄 것이 없겠지만, 지금 이 세상에는 아이를 유혹하는 재미있는 요소들이 너무 많다. 아이가 책 속에서 즐거움을 발견하는 방법을 스스로 깨우칠 수 있도록 하는 것이 바로 책 놀이의 목적이고 빙고 놀이를 개발한 배경이기도 하다.

"형우야, 엄마랑 같이 책 읽자. 지난번에 이거 재미있다고 했지?"

"『엄마 사용법』이네? 나는 읽었던 책은 절대 다시 읽기 싫어."

"한 번 읽은 책을 왜 못 읽겠다는 거야?"

"재미없으니까."

"그럼 이건 어때?"

"『만년샤쓰』도 읽은 건데? 다 아는 걸 왜 또 읽어야 하는데?"

"그럼 이 책으로 엄마랑 빙고 놀이하자!

형우는 한 번 읽은 책이니까
당연히 엄마를 이기겠네?"

형우와 나는 『만년샤쓰』를 펼쳐 놓고 빈칸을 채워 나가기 시작했다. 나는 형우가 책을 보는 습관은 꿰뚫고 있었다. 처음 몇 장에서 단어를 뽑아낼 것이 불 보듯 뻔한 일이었다.
첫 번째 빙고 놀이는 당연히 나의 승리로 끝났다.

"그런 말이 여기 있었어? 한 번 더 해!"

형우는 오기가 발동한 것 같았다.

『만년샤쓰』를 다시 한 장 한 장 넘기면서

빈칸을 다시 채우기 시작했다.

책을 읽는 것은 물론 더 나아가 공부를 하는 것도 '동기'가 필요하다. 동기는 다름 아닌 '재미'에서 나온다. 만화책이 재미있다는 사실을 알고 있는 아이들은 시키지 않아도 만화책을 찾아서 읽고, 옆에서 아무리 방해해도 집중력을 놓치지 않는다. 책이 재미있다는 사실을 발견할 수 있게 도와준다면 집중력에 관련된 문제는 저절로 해결될 것이다. 형우에게 필요한 것도 책 속에 숨어 있는 재미를 발견하는 것이었다. 이기고 지는 것에 민감했던 형우의 기질과 독서 습관을 파악하고 있었던 엄마가 빙고 놀이를 통해 책의 재미를 알게 하고, 책을 갖고 노는 방법을 자연스레 알려줄 수 있었다.

"나, 빙고 다 채웠어!"

형우의 눈빛부터가 이전과는 달랐다. 굉장한 비밀 병기를 숨겨 놓은 장군의 표정 같았다. 빙고 놀이를 한창 진행하다가 형우가 말한 단어가 조금 마음에 걸렸다.

"새끼!"

"형우야? 새끼라고?"

"응, 새끼! 엄마 안 썼어? 그럼 또 내 차례지?"

"형우야, 책에 나오는 단어가 대부분 좋은 단어이기는 하지만 가끔 안 좋은 말이 나올 수도 있어. '새끼'라는 말은 좋은 말이 아닌 거 같은데?"

형우가 갑자기 씨익 웃더니
책을 내 앞에 탁 펼쳐 놓았다.

"창남이가 학교에 가다가 구두가 다 떨어져서 새끼를 얻어서 고쳐 신고 다시 학교에 가잖아!

여기 나오잖아! 엄마는 그것도 몰라?"

형우가 펼쳐 놓은 책에는 정확하게 형우가 언급한 이야기가 전개되고 있었다. 엄마를 이겼다는 생각에 으스대는 형우가 귀엽기도 했고, 내 실수를 정확하게 지적해서 놀랍기도 했다. 형우가 늘 집중력이 약하다고 생각했었는데 그것은 나만의 착각이었던 것 같다.

빙고 놀이,

이렇게 해 보세요.

1. 부모와 아이 모두, 책 한 권을 선정하고 가로와 세로가 5칸(5×5)인 상자를 그린다. 아이의 수준에 따라서 칸 수를 조정해도 좋다.

2. 책에 나온 단어로 빈칸을 채워 넣고, 다섯 줄을 완성할 때까지 부모와 아이가 번갈아 가면서 단어를 부르면서 진행한다. 아이가 놀이의 규칙을 제대로 활용할 줄 모른다면 책에 나온 낱말을 가장 많이 쓰는 사람이 승리하는 대항전으로 규칙을 바꿔도 좋다.

3. 아이가 말한 단어가 책의 어느 지점에 나오는지 확인하면서 놀이를 진행한다.

집중력은 만들어지는 것이 아니라 본래 있는 집중력을 발견하는 것이다. 아이들은 집중력을 언제 어떻게 발휘해야 할지 몰라서 산만하고, 집중력을 통해 얻을 수 있는 성취감을 느껴 보지 못했기 때문에 쉽게 느슨해진다. 엄마와 아빠의 마음은 아이들이 기왕이면 책이나 공부에 집중력을 발휘하기를 기대한다. 하지만 대부분의 아이들은 책보다는 게임에 더 집중하는 경향이 뚜렷하다. 어른일지라도 책을 좋아하고, 재미있다고 생각하는 사람이 아니라면 집중해서 책을 읽는 것은 어려운 일이다. 이렇게 어려운 일을 아이가 해내기를 바라는 것은 어쩌면 욕심일지도 모른다. 따라서 아이가 책에 집중하기 위해서는 책이 재미있는 놀이가 될 수 있다는 사실을 설득할 수 있어야 한다. 빙고 놀이는 짜릿한 승부가 있기 때문에 아이의 흥미를 끌어오는 좋은 놀이법이다. 빈칸을 채우기 위해서 아이들은 자신도 모르게 책의 한 구절 한 구절, 한 장면 한 장면에 집중하며 책이 가지고 있는 매력에 빠지게 될 것이다. 모두 안다고 생각했던 책이라도 새로운 눈으로 바라보면서 새삼 흥미를 느끼고, 누가 시키지 않았는데도 스스로 탐구를 하는 것, 이것이야말로 책으로 할 수 있는 최고의 놀이가 아닐까?

책을 읽는 동안 우리의 두뇌는 무수한 자극을 받는다. 하지만 책을 읽고 나서 그대로 지나쳐 버리면 머릿속에는 아무것도 남지 않는다. 책에서 읽었던 구절이나 낱말들이 입과 손을 통해서 자꾸만 표현되어야 두뇌는 끊임없이 자극을 받으며 사고력과 창의력의 크기가 넓어질 수 있다. 빙고 놀이의 진행 순서를 그대로 따라가다 보면 아이들은 읽었던 책의 내용을 떠올리며 끊임없이 두뇌를 자극하는데 이것이 바로 시연리허설_Rehearsal 효과이다. 시연 효과는 1960년대 미국의 한 연구소에서 효과가 입증된 교수법이다. 연구소에서는 각기 다른 교수법을 써서 학생들의 암기 효과를 테스트했다. 이 테스트에서 가장 높은 암기 효과를 거둔 방법은 배운 내용을 토대로 다른 사람에게 자기 생각을 전달하는 방법이었다. 학습 내용을 곧바로 활용해서 다른 학생에게 가르친 학생은 24시간이 지난 후에도 학습한 내용의 90% 이상을 기억하고 있어 가장 높은 암기 효과를 입증했다. 이 실험은 두뇌를 어떻게 자극해야 가장 좋은 결과를 가져올 수 있는지를 보여 주는 예이다.

빙고 놀이를 할 때에 엄마와 아빠는 놀이를 제대로 진행하기 위해 규칙을 아이에게 상기시키는 것이 아니라 "그 단어가 어디에 나오니?", "그 내용이 책에 나왔다고?"와 같이 책과 관련된 질문을 던져야 한다. 아이가 자신을 시험하고 있다는 느낌을 받지 않도록 시침을 뚝 떼고 질문을 던져 보자. 아이는 이 세상에서 가장 사랑스러운 책 해설가가 되어 엄마와 아빠에게 이야기를 풀어놓기 시작할 것이다.

빙고 놀이, 이것만은 주의하세요!

빙고 놀이를 하기 위해서는 빈칸을 채우는 일을 아이가 스스로 할 수 있어야 한다. 이 단계에서 아이들은 쉽게 지치고 어렵다는 이유로 포기하는 경우가 많다. 경우에 따라서는 1:1로 대결하는 구도에 거부감을 보이는 아이도 있다. 빙고 놀이를 비롯한 모든 책 놀이의 절대 기준은 바로 '아이의 성향'이다. 아이의 성향에 따라서 놀이의 방식을 조금씩 바꾸는 것을 두려워하지 말자. 그리고 아이가 책 놀이의 방법을 그대로 따라 하지 못하는 것에 대해 좌절할 이유가 없음을 거듭 강조하고 싶다. 꼭 빙고 놀이가 아니어도 좋다. 책을 읽고 난 후, 생각나는 단어를 쭉 나열하는 것도 좋은 놀이법이다. 아이가 써 놓은 단어와 엄마와 아빠가 떠올린 단어를 비교하면서 일치하는 것은 몇 개인지 세어 보는 것도 공감대를 확인하는 방법이다.

빈칸을 채우는 것은 엄마와 아빠에게도 쉬운 일이 아니다. 아이가 읽는 책은 쉬운 단어와 이야기 구조로 채워져 있는데, 바로 이 부분이 복병으로 작용하기 때문이다. 어른이 읽기에는 지나치게 가볍고 쉽다는 것이 오히려 엄마와 아빠의 집중력을 방해한다. 아는 단어와 충분히 예측할 수 있는 이야기 구조 때문에 막상 빈칸을 채우려 하면 머릿속이 텅 빈 것 같은 느낌을 받을 수 있다. 이러한 낭패를 겪지 않으려면 책을 읽을 때 아이가 쉽게 기억할만한 단어는 무엇인지, 아이가 어렵다고 생각할만한 단어는 무엇인지를 구분하면서 읽는 습관을 들여야 한다. 빈칸을 정리할 때도 아이가 쉽게 떠올릴 단어와 무심코 지나쳐 버릴 단어의 비율을 적절히 조율해 아이와 제대로 된 놀이를 할 수 있도록 대비해야 할 것이다.

빙고 놀이,

이 책을 추천합니다

책으로 집을 지은 악어

양태석(지은이) | 원혜진(그림) | 주니어김영사

책을 싫어하는 마을 사람들이 버린 책으로 집을 짓는 과정이 책 속에 녹아있다. 책을 읽으면서 필요 없다고 버린 물건도 누가 어떻게 활용하느냐에 따라서 보석보다 귀중한 존재가 될 수 있다는 사실을 자연스럽게 알게 된다. 책 속에서 집의 재료가 되는 책의 제목을 이용해 빙고 놀이를 진행한다면 스스로 단어를 발견하고 게임판을 완성하는데 어려움을 겪는 아이와도 쉽게 책 놀이에 빠질 수 있을 것이다.

만년샤쓰

방정환(지은이) | 김세현(그림) | 길벗어린이

주인공 창남이는 가난하지만 항상 명랑하고 쾌활한 소년이다. 자신도 어렵고 힘들지만, 자신보다 더 어려운 사람에게 옷을 벗어주고 맨살을 드러내며 "없어서 못 입었습니다."라고 말하곤 한다. 아동문학을 대표하는 소파 방정환 선생님은 꿋꿋한 소년 창남이를 통해 모든 어린이에게 희망을 전해 주고 있다. 『만년샤쓰』는 묵직한 슬픔과 교훈을 전달하는 책으로 이야기 속에 등장하는 고풍스러운 단어는 부모님의 추억을 자극하고 꿋꿋한 소년 창남이의 모습은 아이에게 희망을 전달할 것이다.

7. 빙고 놀이

(　　　)의 단어	엄마, 아빠의 단어
겹치는 단어의 수	겹치지 않는 단어의 수

참 잘했어요!

아이와 함께 빙고 놀이를 하면서 느꼈던 생각을 칭찬과 함께 적어주세요.

엄마,

그건
반칙이야!

탐정 놀이

책을 읽다가 잠시 멈추고 책장을 덮었던 경험, 방금 읽었던 구절이 가슴에 와 닿는다는 느낌, 책을 읽어 본 사람이라면 누구나 한번은 해봤을 경험이다. 이것은 무엇을 의미하는 것일까? 나는 왜 이 대목에서 책을 덮었을까? 많은 생각이 밀물처럼 밀려들어와 그 원인을 파헤치다 보면 책을 뼈대까지 분석하는 힘이 생긴다. 탐정 놀이는 바로 이처럼 집요하게 생각하는 힘을 동력으로 굴러가는 놀이다.

이런 문제에
정답이 있는게 더
이상하잖아!

"민영아, 지금 읽고 있는 책 제목이 뭐야?"

"『조커, 학교 가기 싫을 때 쓰는 카드』라는 책인데, 아주 재밌어."

민영이가 책을 나에게 넘겼다. 이 책은 예전에 나도 재미있게 읽었던 기억이 난다.

"우와, 이 책 엄마도 재밌게 읽었는데.

우리 민영이가 책을 얼마나 잘 읽었는지
탐정 놀이해 볼까?"

민영이는 자신만만한 표정으로 질문을 기다렸다.

"첫 번째 질문, 책에 나오는 조커는
모두 몇 장일까요?"

"엄마, 그건 반칙이야. 그걸 세면서 읽는 사람이
어딨어?"

민영이는 분하다는 듯이 책을 다시 펼쳤다.
이 문제는 제외하겠다는 다짐을 받아 내고 나서야
분이 풀린 것 같았다. 손가락을 동원해 하나씩 세어
보더니 마침내 대답했다.

"46장!"
"맞아, 그럼 조커 중에서 가장 이름이
긴 것은 뭘까?"
"엄마, 그것도 반칙이야!"

말은 그렇게 하면서 어느새 책을 뒤적이고 있는 민영이었다.

"아무 때나 목이 터져라 노래 부르고 싶을 때 쓰는 조커! 21자!"

"땡! 정말 길기는 한데, 정답은 아니야."

"정말? 이것보다 긴 조커가 있었다고?"

"그다지 조심스럽지 못한 질문을 하고 싶을 때 쓰는 조커, 22자야."

몇 개의 질문을 추가로 던지자 민영이의 눈동자가 반짝이는 것이 보였다. 만약 청진기가 있어서 민영이의 머리를 짚어 보았다면, '핑핑' 생각이 굴러가는 소리가 나지 않았을까?

민영이와 엄마는 탐정 놀이의 정석을 보여 준다. 하지만 민영이와 엄마가 처음부터 찰떡궁합을 자랑했던 것은 아니었다. 탐정 놀이의 규칙을 아무리 암기하고, 책의 내용을 외우다시피 했지만 번번이 분위기를 망치곤 했다. 이런 문제는 책 놀이를 처음 시도하는 가족이라면 한 번은 겪게 되는 고비이기도 하다. 이 고비를 넘길 수 있었던 계기는 민영이의 엄마가 '엄마의 생각'을 버리고 아빠의 도움을 받으면서 극복할 수 있었다.

나는 독서를 할 때 주인공과 주변 인물의 행동과 감정에 민감하게 반응하는 편이다. 주인공의 좋은 면을 닮고 싶어 하고, 따라 해 보면서 학창시절 대부분을 보냈다. 이런 경험이 나를 성장시켰다고 생각했기 때문에 민영이가 책을 볼 때는 주인공에게 몰입하기를 바랐다. 그래서 탐정 놀이를 준비할 때 주인공을 중심으로 질문을 만들었던 것 같다. 하지만 민영이는 주인공보다는 이야기 속에 등장하는 사건을 중요하게 생각하는 아이였다. 나는 내가 듣고 싶은 정답을 정해 놓고 질문을 던졌던 것은 아닐까? 이런 생각을 하고 나자 질문을 달리해야겠다는 결론을 내렸다.

"민영아, 선생님이 맨 마지막에 학교에서 나와서 식당으로 갔잖아, 왜 그랬는지 기억나?"

"화가 엄청 많이 났을 때 맛있는 걸 먹으면 풀리니까, 선생님이 식당으로 간 게 아닐까?"

"재미있는 생각이지만 책에 나오는 내용은 아닌데? 엄마가 힌트를 줄게. 선생님은 그

전에도 식당에 한 번 갔던 적이 있었어."

"아, 맞다. 생각났어. '스스로에게 맛있는 식사를 대접하기로' 했었는데, 교장 선생님을 만나는 바람에 그러질 못했잖아. 그래서 그때 못했던 식사 대접을 하려고 식당에 갔던 거야."

주인공의 감정이 아니라 행동을 분석할 수 있는 질문을 던지자 민영이는 훌륭하게 정답을 찾아냈다.

탐정 놀이는 질문을 던지는 사람의 역할이 중요하다. 질문을 던지는 사람의 생각에 따라서 탐정 놀이는 단순히 사실 확인만 반복하는 수준에서 그칠 수도 있고, 책의 뼈대를 재구성하는 수준까지 발전할 수 있다. 이를 위해서는 질문을 던지는 사람이 자기 생각의 틀을 벗어던질 필요가 있다. 민영이의 엄마는 아이의 생각이 아니라 자신의 생각 안에서 질문을 던졌다. 만약, 민영이의 엄마가 자신의 생각을 버리지 못했다면 아이와는 절대로 만날 수 없는 평행선이 되었을 수도 있다. 이때 도움을 주었던 것이 아빠의 존재였다. 민영이의 생각도, 엄마의 생각도 아닌 새로운 시선이 탐정 놀이에 뛰어들자 문제점을 파악할 수 있었던 것이다.

탐정 놀이를 하기 위해서 전전긍긍하는 내 모습을 보자 남편이 거들었다. 내가 만든 질문지를 보더니 고개를 갸웃거렸다.

"'주인공이 가장 슬퍼한 순간은 언제인가?'
이게 질문이야?"

"응, 왜 이상해?"

"사람에 따라 슬픈 건 다 다르잖아.
이런 문제는 정답이 있는 게 더 이상하지."

생각지도 못했던 문제였다. 남편의 지적을 받고 나서 질문을 보니 대다수가 감정에 초점이 맞춰져 있다는 것을 발견했다. 이런 질문에 정답을 찾아야 했던 민영이의 고충이 새삼 느껴졌다. 남편의 도움이 없었다면 결국 탐정 놀이는 포기했을 것 같다.

탐정 놀이를 성공적으로 치러내기 위해서는 질문의 질이 높아야 한다. 질문의 질을 높이는 방법은 책을 여러 번 탐독하는 것이 아니라, 검증을 거치는 것이다. 우리가 진리라고 믿고 있는 과학적 사실들은 처음부터 하늘에서 뚝 떨어진 것이 아니라 무수한 실험과 다양한 사람의 검증이 있었기 때문에 가능한 것들이었다. 좋은 질문을 만들기 위해서 검증이 필요한 것도 이와 같은 맥락에서다. 검증에 필요한 사람을 너무 멀리서 그리고 너무 많이 찾을 필요는 없다. 세상에서 가장 뛰어난 책 놀이 전문가는 바로 가족이기 때문이다. 탐정 놀이는 참가하는 가족의 수가 많을수록 깊이 있는 책 놀이를 진행할 수 있다. 서로의 질문을 점검하고 그에 따른 정답이 과연 최선인지 갑론을박하는 과정에서 책에 대한 집중도가 높아지는 것은 물론이고 토론 능력까지 길러질 수 있기 때문이다.

의좋은 자매의 역습

이번 주에 지현이가 많이 아팠다.

비염이 있어서 가끔 기침을 심하게 하는데, 그날은

기침 때문에 잠도 제대로 못 잘 정도였다. 지원이는

다음날 수학 시험을 앞두고 있었는데 하필이면

가장 취약한 부분인 분수가 시험 범위여서

신경이 쓰였다. 그런데 시험공부도 제대로 못 한

아이가 주섬주섬 뭔가를 챙기는 것이 아닌가?

마음속에서는 걱정되고 천불이 나는 것 같았지만

꾹 참으면서 지원이가 하는 양을 지켜보기로 했다. 지원이는 동생 지현이에게 편지를 쓰고 있었다. 평소에 동생이 달라고 졸랐던 반지를 서랍에서 꺼내 와 편지와 함께 기침하는 지현이의 손에 쥐여 주었다. 터울이 많이 나지 않는 자매는 매일 싸운다던데 두 아이는 예외인 것 같다. 두 아이의 찰떡궁합은 책 놀이를 할 때 더 잘 나타난다.

모처럼 주말에 가족이 다 모였다. 평소 같았다면 박물관이나 놀이공원을 갔겠지만 오늘은 온 가족이 모여서 탐정 놀이를 해 보기로 했다.

아이는 엄마와 아빠의 사랑과 관심을 먹고 자란다. 관심과 사랑이 어느 한쪽으로 쏠리거나 소외되었다는 느낌을 받는다면 아이는 그 관심을 되찾기 위해 갖은 수단을 동원한다. 아이가 둘 이상인 집에서 벌어지는 수많은 다툼의 원인은 바로 여기에서 기인한다. 책 놀이도 예외가 될 수 없다. 보통의 아이는 책을 통해 엄마와 아빠와 가까워지는 기회를 형제들과 쉬이 나누려 하지 않는다. 경우에 따라서 책 놀이를 동생에게 혹은 형에게 알리지 않기 위해 007작전을 방불케 하는 첩보전을 벌이기도 한다. 엄마와 단둘이 보내는 시간을 독점하기 위해서다. 아이의 이러한 행동이 나쁘다고는 볼 수는 없다. 하지만 책 놀이를 하면서 소외되는 아이가 생기는 것은 또 다른 문제를 유발할 수 있다. 책 놀이를 독점하고 싶은 아이의 거부감을 줄이면서 온 가족이 함께 즐기는 책 놀이 환경을 만들어야 할 필요가 있는 것이다.

"모두 『잔소리 없는 날』 재미있게 읽었나요?"

"네!"

"『잔소리 없는 날』에 나오는 것처럼 우리 가족도 잔소리 없는 날을 흉내 낸다면 엄마랑 아빠가 푸셀의 부모님처럼 잘 참을 수 있을까?"

"아빠는 잘 모르겠지만, 엄마는 '한 성격'하니까 못 참을 것 같아요."

"아니야, 아빠가 못 참을 거야.

아빠가 화나면 진짜 무서우니까."

지현이와 지원이의 솔직한 대답에 당황한 것도 잠시, 다음 질문으로 넘어갔다.

"그러면 어떤 장면에서 아빠가 화를 낼 것 같아? 아빠가 어떨 때 화를 내는지 잘 생각해 봐!"

이번에는 남편의 시선이 따가웠다. 자매는 이 모습이 재미있는지 키득키득 웃었다.

"술 취한 아저씨를 파티로 초대한 것은 푸셀이 잘못한 것 같아요. 아마 우리가 이렇게 했다면 엄마랑 아빠가 다 화를 냈을 것 같아요."

언니인 지원이가 먼저 똑 부러지게 말했다. 사실, 책 속에서 주인공 푸셀이 술 취한 아저씨를 집에 데려오는 장면에서 얼굴이 붉어지도록 화가 났었다. 아무리 동화책이라도 이건 너무 심한 것 아닌가 하는 생각까지 했었다. 지현이가 언니 옆에서 거들었다.

"내가 스마트폰을 몰래 사고 영수증을 엄마한테 보냈으면 화냈을 거야. 아빠처럼."

남편은 탐정 놀이에서 공공의 적이 된 것 같았다.
자매의 역습에 아까부터 땀을 뻘뻘 흘린다.
나 역시 지현이의 말을 듣고 뜨끔했었다.
아이들이 나를 평소에 갖고 싶은 것을
잘 사 주지도 않고 야단만 치는 엄마로 생각하고
있는 걸까?

"그래, 맞아. 엄마는 그런 일이 일어나면 분명히 화를 낼 거야. 엄마랑 상의하지 않고 물건을 사는 건 나쁜 거니까. 근데 엄마랑 충분히 상의하면 얼마든지 사 줄 수 있어."

나의 진지한 대답에 지현이와 지원이 모두 깜짝 놀라는 것 같았다. 이번에는 지현이가 아빠에게 질문을 던졌다.

"아빠, 아빠는 우리가 저녁에 캠핑장에서 밤새도록 있겠다고 하면 못 가게 막을 거야? 아니면 푸셀의 아빠처럼 캠핑장 옆에서 우리를 지켜줄 거야?"

"아빠는 지현이랑 지원이를 보내 주지 않을 거야. 하지만 엄마랑 아빠랑 다 같이 가는 캠핑을 계획해야겠지."

"그럼 우리도 캠핑가서 잔소리 없는 날을 하면 좋겠다!"

지현이와 지원이 자매가 참여한 탐정 놀이는 『잔소리 없는 날』 속에 등장하는 설정을 인용해서 엄마와 아빠가 아이들의 생각을 추리해낸 사례이자, 책 놀이가 1:1의 커뮤니케이션에 한정된 것이 아님을 보여 주는 사례이기도 하다. 탐정 놀이를 진행하면서 질문은 한 가지를 던졌지만 지현이와 지원이가 유난히 사이가 좋은 자매였기 때문에 큰 거부 반응이 나타나지 않고 대화가 흘러갔다. 하지만 탐정 놀이를 진행할 때 자녀의 공통분모를 고려하지 않고 질문하면 반발에 부딪힐 수 있다. 서로 대답을 하기 위해서 싸우기도 하고, 정답을 맞히는 것에만 급급해 대화를 이어가기 어려울 수도 있다. 탐정 놀이를 온 가족이 함께 즐기는 축제로 만들기 위해서는 책을 읽었다면 동등한 위치에 설 수 있는 질문을 만들어야 한다. 답변의 기회를 동등하게 배분하는 것도 당연한 규칙이다.

탐정 놀이,

이렇게 해 보세요.

1. 책을 읽고 나서 아이에게 질문할 목록을 정리한다. 질문의 내용은 최상급을 피해서 구성한다. 예를 들어 "가장 좋은 것은?", "가장 나쁜 것은?" 등의 질문 형식은 탐정 놀이에 어울리지 않는다.

2. 정리한 질문의 목록을 책의 내용에 따라서 인물을 중심으로, 사건을 중심으로 구분한다.

3. 아이가 답을 찾는 것에 어려움을 느끼면 힌트를 조금씩 주고, 답을 직접 알려 주는 것은 피한다.

4. 똑같은 책으로 탐정 놀이를 하되 아이가 질문을 만들 수 있도록 용기를 주고 유도한다.

두뇌 회전이 빠르고 임기응변에 능한 사람은 단기간에 정보를 처리할 수 있는 좌뇌의 베르니케 중추가 발달한 사람이라고 한다. 이 베르니케 중추는 말과 글을 이해하는 핵심적인 부분이기도 하다. 이 부분을 자극한다면 언어를 다루는 데 능숙해져 대화를 주도적으로 끌어나가거나 이해력을 높이 끌어올릴 수 있다. 이러한 능력을 갖춘 베르니케 중추를 단련시키기 위해서는 말과 글을 통해 끊임없이 자극을 주는 것 외에는 다른 방법이 없다. 말과 글을 다루는 법은 특별한 비법을 익히는 것이 아니라 독서와 대화를 통해서 자연스럽게 습득할 수 있다. 책에 등장하는 낱말을 재료로 삼아 분류를 다시 하거나 연상되는 낱말을 연결하는 방식의 놀이가 효과적이다. 그러나 아무리 효과적인 방법이라고 할지라도 이것을 포장 없이 아이에게 직접 가져간다면 거부감을 줄 수밖에 없다. 이를 흥미롭게 포장하는 방법이 바로 탐정 놀이다.

탐정 놀이에서 사용되는 질문은 인터뷰 놀이에서 사용되는 질문과 성격이 다르다. 인터뷰 놀이는 책보다는 사람이 중심이 되는 질문이 오고 가야 하지만 탐정 놀이는 다르다. 책을 읽고 고민을 거듭해야만 해결할 수 있는 질문이 놀이의 흐름을 주도해야 한다. 따라서 질문을 만드는 데 많은 시간과 노력이 들어가야 하고, 가능하다면 가족 구성원의 검증을 받는 것도 필요하다. 질문의 방향이 지나치게 감정에 의존하고 있는 것은 아닌지, 너무 어렵지는 않은지 등 다양한 문제점을 고려해서 질문지를 만들어야 한다. 이러한 과정은 결코 녹록하지 않지만 엄마와 아빠가 고심할수록 아이에게는 빛과 소금이 될 것이다. 전혀 다른 관점에서 책을 바라볼 수 있게 하는 것은 물론 책을 읽는 것이 탐험처럼 박진감 넘치는 일로 만들어 주기 때문이다.

단순히 정답을 맞히는 것에 그친다면 객관식 문제로 도배된 시험지와 다를 바가 없다. 질문이 훌륭하다면 아이의 답변도 당연히 밀도가 높을 수밖에 없고, 하나의 질문에서 여러 개의 질문이 파생되는 현상이 따라올 것이다. 이와 비슷한 현상은 SNS에서도 확인된다. 누군가가 올린 짧은 글에 무수한 사람이 '댓글'을 달면서 새로운 이야기를 만들어 내는 것처럼 탐정 놀이에서도 질문은 하나이지만 그에 따라 파생되는 질문들이 무수한 이야기를 끌어 올 수 있다. 아이가 질문에 답변한다면 '댓글'을 단다는 느낌으로 추가적인 질문을 던져 보자.

탐정 놀이,

이것만은 주의하세요!

탐정 놀이가 책을 제대로 읽었는지 확인하는 시험이 아니라 정말 놀이의 하나라는 것을 아이와 부모가 모두 공감해야 한다. 이를 위해서는 엄마와 아빠도 최대한 어린이의 마음으로 질문하고 대화에 참여하는 것이 좋다. 다소 권위적이고 무언가를 가르치고 싶어하는 성향이 강한 엄마와 아빠라면 질문의 개수를 줄이고 아이의 답변에 추가적인 질문을 던지는 것으로 탐정 놀이를 진행해야 한다. 하지만 이것을 현실에서 실천하는 것은 쉬운 일이 아니다. 이미 권위적인 부모의 태도에 익숙해진 아이라면 갑자기 친근한 모습을 보이는 모습이 역효과를 불러일으킬 수도 있기 때문이다.

탐정 놀이를 비롯해 다른 책 놀이를 할 때 유난히 권위적인 태도를 버리지 못했던 가족이 있었다. 아무리 애를 써도 가르치고 싶은 마음을 누르고 감추기가 쉽지 않다는 것이었다. 그 가족은 무언가 특별한 솔루션을 요구했고, 실제로도 무언가 해결책을 제시해야만 하는 상황에 놓이게 되었다. 그때 아이의 엄마와 한 가지 약속을 했었다. "무슨 일이 있더라도, 아이의 말을 중간에 끊지 않고 끝까지 듣겠다."는 약속이었다. 엄마와 아빠라면 아이를 올바른 방향으로 끌어 주고 잘못을 저질렀을 때 따끔하게 혼내는 것은 당연하다. 하지만 책 놀이를 할 때만큼은 오히려 아이에게 배운다는 생각으로 진지하고 성실하게 임하는 것이 어떨까?

탐정 놀이,

이 책을 추천합니다

조커, 학교 가기 싫을 때 쓰는 카드

수지 모건스턴(지은이) | 미레유 달랑세(그림) | 김예령(옮긴이) | 문학과지성사

『조커, 학교 가기 싫을 때 쓰는 카드』는 아이보다 더 엉뚱한 선생님이 등장한다. 평소 학교생활을 힘들어하거나, 심심하다는 말을 입에 달고 사는 아이에게 추천하고 싶은 책이기도 하다. 사건의 중심에 어린이가 아니라 선생님이 있다는 것에 아이들은 쾌감을 보이고, 흥미를 잃지 않는데 바로 이 점 때문에 탐정 놀이의 재미를 배가시킬 수 있을 것이다.

잔소리 없는 날

안네마리 노르덴(지은이) | 배정희(옮긴이) | 정진희(그림) | 보물창고

작가는 아이의 눈높이를 제대로 이해하고 있는 작가다. 『잔소리 없는 날』의 주제는 '일상탈출'인데, 『조커, 학교 가기 싫을 때 쓰는 카드』와 짝을 이룰 수 있는 책이다. 책의 분위기 때문에 탐정 놀이를 유쾌하게 진행할 수 있고, 가정에서 일어날 수 있는 여러 가지 상황과 잔소리라는 테마가 맞물려 이야깃거리가 잔뜩 쏟아지는 책이다.

8. 탐정 놀이

책 제목 예)조커, 학교가기 싫을 때 쓰는 카드

질문	단서
첫 번째 질문 예)노엘 선생님이 맨 마지막에 학교에서 나와서 식당으로 간 이유는?	**(　　　)가 찾은 단서** 예)교장 선생님 때문에 못한 '스스로에게 맛있는 식사를 대접'하는 걸 마저 할려고
두 번째 질문	**(　　　)가 찾은 단서**
세 번째 질문	**(　　　)가 찾은 단서**
네 번째 질문	**(　　　)가 찾은 단서**

참 잘했어요!

아이와 함께 탐정 놀이를 하면서 느꼈던 생각을 칭찬과 함께 적어주세요.

맺음말

책 놀이로 가족의 행복 찾기

우리는 모두 불완전한 인간이다. 부모가 되었다고 갑자기 완벽한 인간이 되는 것은 아니다. 또한, 부모가 되었다고 해서 완벽한 인간이 되어야 한다는 강박관념을 가질 필요도 없다. 책 놀이는 아이에게 완벽한 부모가 되는 방법을 알려 주는 것이 아니라 친구처럼 다가가 함께 책과 뒹굴며 이야기를 나누는 방법을 알려 주기 위한 것이다. 아이에게 가장 믿음직한 친구가 되는 것, 이것이 부모가 누릴 수 있는 가장 큰 행복이 아닐까?

책 놀이를 만들면서 첫 번째로 고려한 것은 '재미'였고, 두 번째는 '쉽게'였다. 어렵고 복잡한 놀이를 만들면 성취감은 높게 나타날 수 있지만 그만큼 재미가 떨어질 수 있고, 그 영향이 책에 대한 부정적인 느낌으로 이어지리라 생각했기 때문이다. 빙고 놀이와 칭찬 놀이 등 앞서 소개된 대부분의 책 놀이가 아이가 쉽다고 느낄 수 있는 수준에서 난이도를 조율한 것도 이 원칙에 따른 것이었다. 하지만 책 놀이를 통해 여러 가족을 만나면서 생각이 조금 달라졌다. 책 놀이의 결과물들이 쌓이고 쌓일수록 욕심이 생겼기 때문이다.

바로 이 욕심은 떨쳐 버리기 힘든 유혹이었다. 책 놀이를 통해 길러진 사고력과 창의력을 바탕으로 결과물을 만들고 싶다는 생각이 끊임없이 들었다. 하지만, 결국 책 놀이의 출발은 아이들이었다. 아이에게 초점을 맞춰서 바라보면 아이가 정말로 원하는 것이 무엇인지 가늠해 볼 수 있다. 아이가 원하는 것이 다른 사람에게 보여 주기 위한 그럴싸한 결과물일 리가 없다. 그것은 책을 매개로 이 세상에서 가장 믿고 사랑하는 가족과 즐거운 시간을 보내는 것이다. 우리는 이 소중한 경험의 가치를 왜 자꾸만 잊어버릴까?

책 놀이는 일종의 '가족 자존감 키우기 프로젝트'다. 부모가 평소 아이에게 "너는 최고야.", "너는 무엇이든 할 수 있어."와 같은 칭찬을 거듭한다면 아이의 자존감은 잠시 높아질 수 있겠지만 한계가 있다. 아이의 자존감이 진정으로 높아지는 때는 자신이 중요한 존재로 대접받고 있다는 사실을 스스로 알게 될 때다. 책 놀이를 통해 자연스럽게 가족이 모여서 이야기를 나누는 횟수가 많아지면 아이는 책을 통해서 자신이 평소에 느낀 감정과 생각을 털어놓을 수 있다. 또한, 그 생각을 듣는 부모의 마음속에서는 아이에 대한 사랑과 자부심이 싹트게 된다. 이 모든 것이 가족의 자존감을 키우는 훌륭한 영양분이다. 이렇게 탄탄한 자존감을 갖춘 가족이라면 어떠한 갈등 속에서도 바닥을 딛고 일어날 수 있는 힘이 생길 것이다. 책 놀이를 통해 남에게 보이는 결과물이 아니라 내면의 자존감으로 충만해지는 가족이 많이 생겨나기를 바란다.

감사의 말

감사한다는 말을 하기가 이렇게 어렵구나

만약 이 책에서 동양의 지혜 비슷한 것을 느꼈다면 그것은 제주의 한학자 소농(小農) 오문복 선생님 덕분이다. 대학(大學), 중용(中庸), 맹자(孟子) 등 귀한 가르침을 주셨다. 많은 분들이 칭찬한 '큰 글씨'는 '다큐 동화' 방식을 따랐다. 그림책과 아동문학, 특히 동화의 '리얼리티'를 가르쳐 주신 원주의 이상희 선생님께 감사의 말을 전한다. 죽을 목숨을 여러 번 구해 주신 '엄마' 고순자 씨에게 가장 많은 빚을 졌다. "아빠랑 놀고 싶은데 아빠는 나가 버려."라고 얘기해 준 첫째 민준이는 이 프로젝트의 실질적 제안자다. '그'를 낳고, '나'를 다시 태어나게 한 아내 이은주 씨! '사랑한다'는 말을 하기가 이렇게 어렵구나. 사랑해!